TOP
32

覺醒社畜的贏家理財課
掌握資本主義規則，啟動你的理財革命，邁向財富自由之路！
The Woke Salaryman Crash Course on Capitalism & Money:
Lessons from the World's Most Expensive City

作　　　者	覺醒社畜（高偉俊、何瑞明）
譯　　　者	周宜芳
編　　　輯	魏珮丞
封面設計	張嚴
內文排版	謝彥如
行　　　銷	鍾惠鈞
總 編 輯	魏珮丞
出　　　版	新樂園出版／遠足文化事業股份有限公司
發　　　行	遠足文化事業股份有限公司（讀書共和國集團）
地　　　址	231 新北市新店區民權路 108-2 號 9 樓
郵撥帳號	19504465　遠足文化事業股份有限公司
電　　　話	(02) 2218-1417
信　　　箱	nutopia@bookrep.com.tw
法律顧問	華洋法律事務所　蘇文生律師
印　　　製	呈靖印刷
出版日期	2025 年 6 月 18 日初版一刷
定　　　價	460 元
I S B N	978-626-99557-3-2
書　　　號	1XTP0032

The Woke Salaryman Crash Course on Capitalism & Money: Lessons from the World's Most Expensive City by The Woke Salaryman
Copyright © 2024 THE WOKE SALARYMAN
This Translation published by exclusive license from JOHN WILEY & SONS (ASIA) PTE. LTD through BIG APPLE AGENCY, INC. LABUAN, MALAYSIA.
Traditional Chinese edition copyright:
2025 Nutopia Publishing, a Division of WALKERS CULTURAL ENTERPRISE LTD.
All rights reserved.

著作權所有・侵害必究 All rights reserved
特別聲明：有關本書中的言論內容，不代表本公司 / 出版集團之立場與意見，文責由作者自行承擔。

國家圖書館出版品預行編目 (CIP) 資料

覺醒社畜的贏家理財課：掌握資本主義規則，啟動你的理財革命，邁向財富自由之路!/ 覺醒社畜著；周宜芳譯. -- 初版 . -- 新北市：新樂園出版，遠足文化事業股份有限公司 , 2025.06
352 面 ;14.8×21 公分 . -- (Top ; 32)
ISBN 978-626-99557-3-2(平裝)

1.CST: 個人理財 2.CST: 資本主義 3.CST: 成功法

563   114005457

套用電玩來比喻就是：把你的所得想成核心位，你的投資是輔助位。兩者合力對抗通膨以保護你的淨值，讓你能夠達成你的投資目標。

最終，投資自己仍然是最明智的選擇。不斷學習，持續投資，並且量入為出。

保持清醒，社畜。

中國市場

近年來,法規的變動讓許多投資人感到焦慮不安。不過,我們認為中國身為崛起的超級強權,長期的成長潛力仍然值得考慮。

廣泛的選擇:MCHI(iShares Core MSCI China ETF)
科技類股的選擇:KWEB(KraneShares CSI China Internet ETF)

為了做好風險管理,我們建議你的中國市場投資要維持在一個可控制的範圍內,像是占投資組合的 10%。

你自己的在地市場

最後、但並非最不重要的是,投資在地股市即使成長前景沒有那麼好,還是有其優點。為什麼?

因為熟悉市場情況和在地產業有助於明智的決策。在地投資沒有貨幣風險,通常也有稅賦優惠,能提升整體報酬率。此外,國內投資具有成本效益,因為交易成本較低。

你可以透過在地指數基金投資。

結論

我們對投資的核心觀點是在風險最小化下追求持續、適度的成長。長期財富通常不是來自奇蹟似的短期獲利,而是繫於穩定的所得、明智的投資以及簡樸的生活。

配息表示會分發股利給身為股東的投資人；累積型 EFT 的股利會自動再投資於基金。

VT：另一支優良的全球 ETF。

我們喜歡 VWRA 是因為它把股利轉回再投資於基金，有效增加它的淨值。對新加坡投資人來說是有利的策略，因為外國人的股利稅率是 30%，這會大幅削弱整體報酬。

美國市場投資

大家在講的「市場」，指的是「標普 500」（S&P 500）指數：它追蹤美國最大的 500 家企業。想要從新加坡投資標普 500，在考慮稅賦和管理費等因素之後，我們認為最實在的選擇是 CSPX。

標普 500 的 ETF 代碼：CSPX、SPLG、IVV、VOO、SPY

科技類股 ETF 的選擇：QQQ 和 QQQM

景順（Invesco）的 QQQ ETF 追蹤的是納斯達克 100（NASDAQ-100）指數，讓投資人的投資涵蓋在納斯達克掛牌的 100 家最大的非金融公司。QQQ 因為高比重的科技股而受歡迎，被認為是成長導向的投資。它具有跨產業別的分散化、高流動性與費率較低（相較於主動型基金）等特質。

不過，它本身也伴隨著風險，像是市場波動性以及集中於科技產業。

投資新手看過來：如何用 ETFs 打造全球化分散投資組合

（本篇資訊在 2023 年 11 月之時屬正確。）

簡介

如果你對管理自己的投資組合有興趣，卻又不確定從哪裡下手，以下是新手投資輕鬆入門的指南，讓你可以運用各種分散化與平價兼具的 ETFs 自己做投資管理。

如果你想要一勞永逸的解決方案：VWRA

交易代碼：VWRA（Vanguard FTSE All-World UCITS ETF USD Acc）

這支 ETF 涵蓋全球股市，能讓你的分散化程度及於全球企業。不過，切記它只納入股票，而排除像是債券或不動產等其他資產類別。

> 小提醒：如果你覺得這項資訊對你來說已經足夠，那麼你可以就在這頁打住無妨。不過，如果你有興趣了解更細膩的投資方法，請繼續讀下去。

VWRA 的替代選擇包括：

VWRD：類似 VWRA，不過是配息型 ETF，而不是累積型。

問題。去年，新加坡人因詐騙損失超過 6 億 6,300 萬新幣，其中大部分都是投資詐騙。詐騙犯通常會保證在短期內可以得到高報酬。

但願理解這個三角形，能幫助你遇到這類詐騙時提高警覺。

第二是理解各項投資在你的投資組合都有它的作用，而不需執著於把「最高報酬」當成唯一目標。

雖然這個觀念不那麼主流，不過講到投資，流動性與安全性有時候就算不是比報酬率更重要，至少也是一樣重要。

畢竟，有一件事比兩位數、甚至三位數的報酬率更好，那就是你能夠用你的錢過你想要的生活。

保持清醒，社畜。

雖然這個三角形是理解各種現成投資選項的好工具，你還是必須考慮一些事情。

這個三角形可以當作指南，但不是法則。

舉個例子：由於前文提到的流動貼水使然，一般來說，長期債券的收益高於短期債券。

不過，當投資人擔憂經濟衰退，這個關係或許會翻轉。這是所謂的「倒掛的殖利率曲線」。

例外確實存在；還有其他機制也會產生影響。風險、報酬和流動性通常適用於所有投資。不過金融工具的表現還涉及其他因素的影響。

比方說，要提升高收益儲蓄帳戶的報酬，你通常必須和銀行多交易。「交易」不過是銀行創造的誘因，是他們商業模式的一部分，與風險、報酬或流動性都無關。

為什麼了解投資鐵三角很重要？

我們認為這個三角形對任何想要投資的人都有幫助，主要原因有二。

第一是冷卻一頭熱的樂觀心理。這個世界有嚴重的投資詐騙

直譯為「在交易所交易的基金」）。常見的知名 ETF 有：CSPX、IVV、ARKK-ETF、QQQ、STI-ETF 和 SPY。

這些金融工具的報酬都有高於這裡所列各項工具的潛力，不過也伴隨著高風險。

投資成效沒有掛保證。就像大家在說的，過去的投資績效不代表未來的保證收益。

注意：我們稱這些資產具備「準」（somewhat）流動性，因為即使你可以相對迅速出售這些工具，或許也會因為這些資產的波動性而遭受損失。

最後，幾句重要警語：

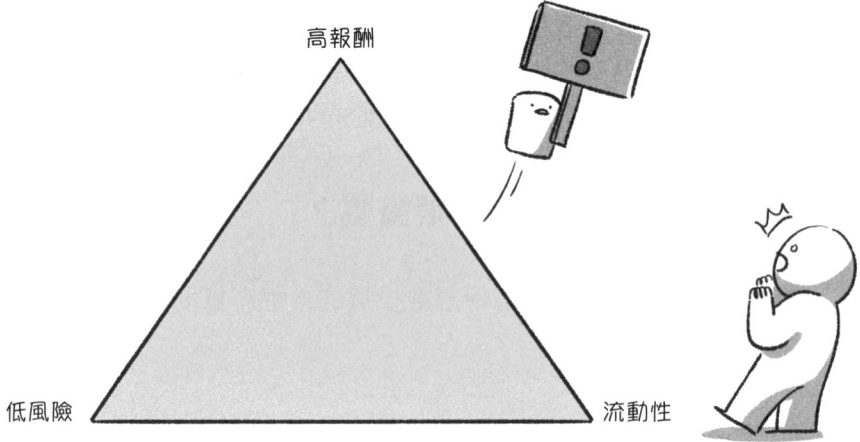

準流動性的工具：高風險、潛在高報酬

股票、單位信託基金與指數股票型基金（ETFs）

股票是公開上市公司的微細持分，可以在網路交易平台購買。公開上市公司包括蘋果、特斯拉、谷歌和微軟等知名企業。

單位信託基金是一種由各種投資工具（如股票和債券等）組合而成的基金，由專業的個人或機構（如資產管理公司）來經營管理。

指數股票型基金（ETFs）類似單位信託基金，不過是在市場上交易，因而得名（ETF 全名為 exchange-traded fund，

公積金特別帳戶

全世界有許多由政府管理的退休金制度,目的是嘗試(不一定都能成功)幫助退休人士至少能克服通膨。

一般而言,這些退休金計畫的利率高於貨幣市場基金和高收益儲蓄帳戶,不過代價是缺乏流動性。

許多退休金計畫都有嚴格的提領規定,最明顯的就是年齡。在新加坡,公積金特別帳戶保證年收益率 4%,高於歷史通膨率(2%)。

長期儲蓄計畫

長期儲蓄計畫通常是由保險公司提供,鎖定期間為 10 年或更長。它們也提供保險利益。

相較於像是權益資產,這些計畫通常較安全,波動性也較小,不過報酬率又高於貨幣市場基金和現金管理帳戶。

一般而言,鎖定期愈長,報酬愈高。一般而言,長期儲蓄計畫的年報酬率在各地都落在 2% 到 5% 之間,雖然有一部分的報酬不一定是保證收益。

(升息時,報酬或許也會隨之增加。它們通常一定能給你高於短期產品的報酬率。)

代價是什麼？報酬。這些通常是報酬率最低的理財產品——甚至比當前的通貨膨脹率還低！

高收益儲蓄帳戶

這些是儲蓄利率較高的銀行帳戶，藉此鼓勵你多多使用它們交易，包括設定為薪資轉帳帳戶、使用信用卡，甚至是買投資和保險產品。

高收益儲蓄帳戶也以高安全性、高流動性為訴求。

它們的報酬沒有特別高，不過比現金管理帳戶高——假設你與銀行有足夠的交易往來。

無流動性的工具：低風險、報酬較高

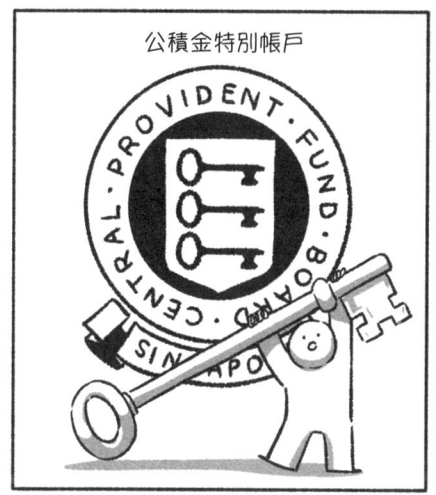
公積金特別帳戶

長期儲蓄計畫

因此，如果要讓 10 年的投資對你更有吸引力，就要有提供更高的報酬率。這是誘因。是獎勵。那也是為什麼高流動性通常代表低報酬率。

現在，我們用實際情況來檢驗投資鐵三角的觀念。

高流動性的工具：低風險、低報酬

現金管理帳戶／貨幣市場基金

這些是你可以短期存放資金的現金帳戶。這類產品通常由機器人理財、新金融科技方案和經紀商提供，這些投資選項的賣點是安全性高，流動性也高。你可以在幾天或甚至幾小時內提走你的錢。

高流動性通常表示低報酬率

一般而言，愈能迅速變現的東西，報酬率愈低，反之亦然。在投資的世界裡，這就是所謂的「流動貼水」（liquidity premium）。

這份「貼水」是給犧牲流動性的人的補貼，因而有此名。

我們來說明一下其中的道理。缺乏流動性的東西不受歡迎。你有錢，但是你不能動用。沒有人喜歡那樣。

於是，在同樣的報酬率下，一筆錢如果要鎖住 5 年或 10 年，你大概會選擇 5 年。

高報酬表示高風險

「不入虎穴，焉得虎子。」

「天助勇者。」

「不願冒險行非凡之事者，只能自甘於平庸。」

這些諺語都指向一個事實：報酬愈高，風險必然愈高。

這就是為什麼償本的 D 級債券不太可能有較高的殖利率，而超級安全的債券（像是 3A 級債券）的報酬往往較低。

這也是為什麼傳統的理財產品通常不會「保證」兩位數的報酬率。

理財產品的年報酬率多半落在 1% 到 4% 之間。利率上升時，報酬率或許會更高。不過，就算有，也沒有幾家公司會保證很高的年報酬率，像是高到 20%。

（當然，去中心化金融與加密貨幣的世界是另一回事，不過我們也知道那裡後來發生了什麼事。）

The Woke Salaryman Crash Course on Capitalism & Money

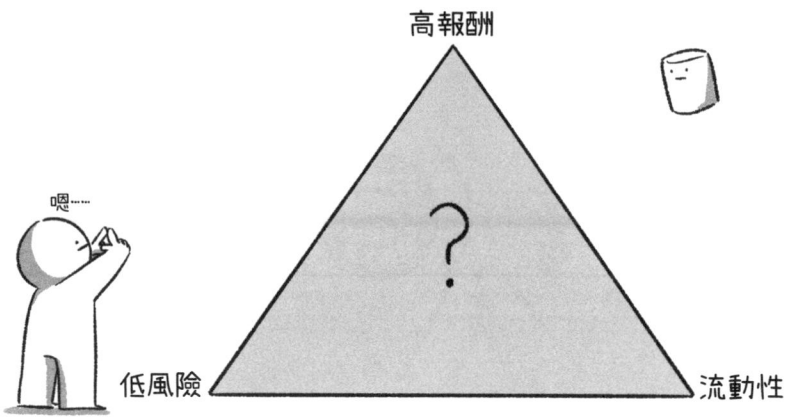

這個三角形的三個頂點，分別代表所有投資者對於投資標所喜愛的三個特質。

它們分別是：

高報酬：你的投資可以給你高比例的獲利。

低風險：這項投資不太可能會讓你賠錢。

流動性：這項投資能在不減損價值下迅速變現。

無論如何，你都不太可能找到集這三項特質於一身的投資工具。最多只能三選二。為什麼？我們就來看看。

投資菜鳥看過來：
理財工具的簡單思考架構

在今天這個錯綜複雜而高度密集的市場，理財產品五花八門，投資可能會讓人感到茫然不知所措。

在評估市場上各式各樣的現成選擇時，以下這個觀念可以用來檢驗是否產品的合理性。

我們稱它為「投資鐵三角」。

（續下頁）

附錄

感謝你讀我們的書。

第 5 章
臨別小語

就這樣。恭喜你來到我們第一本書的最後一個部分！

附錄還有一些漫畫，描述我們對投資的一般做法。

因為它可能有點枯燥和偏技術面，所以我們把它放在書末當作彩蛋，等你清償你的高利貸款並存夠六個月的生活費之後享用。

這只是小小的第一步，但是千里之行，始於足下。

這件事不會輕鬆，不過很值得；我們保證。

祝你一切大吉，還有

保持清醒，社畜。

第 5 章

臨別小語

PARTING WORDS

而凡是有選擇，就要承擔後果。

保持清醒，社畜。

選擇奮鬥或躺平,
本質上沒有對或錯之分。

但是兩者是非常特定的
生活型態選擇。

對於選擇奮鬥的人來說，
重要的是知道你對金錢的「滿足點」在哪裡。

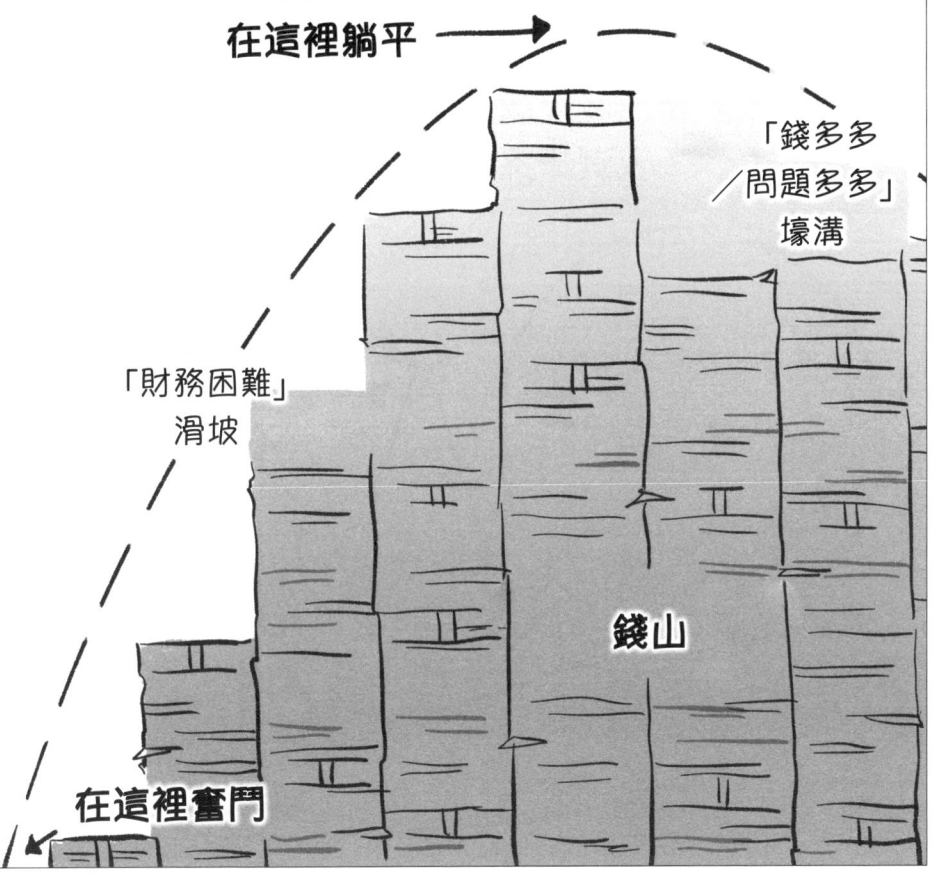

那該怎麼辦？

對絕大多數人來說，
追求光譜的兩個極端，
結局大概都不會快樂。

至於我，講到**奮鬥**與**躺平**，
我選擇採取策略觀點。

但是,「隨波逐流」
也可能會遭遇一波驚濤駭浪,
而這一點屢見不鮮:

躺平就像隨波逐流。
問題是……

大家都以為「隨波逐流」是像這般寫意：

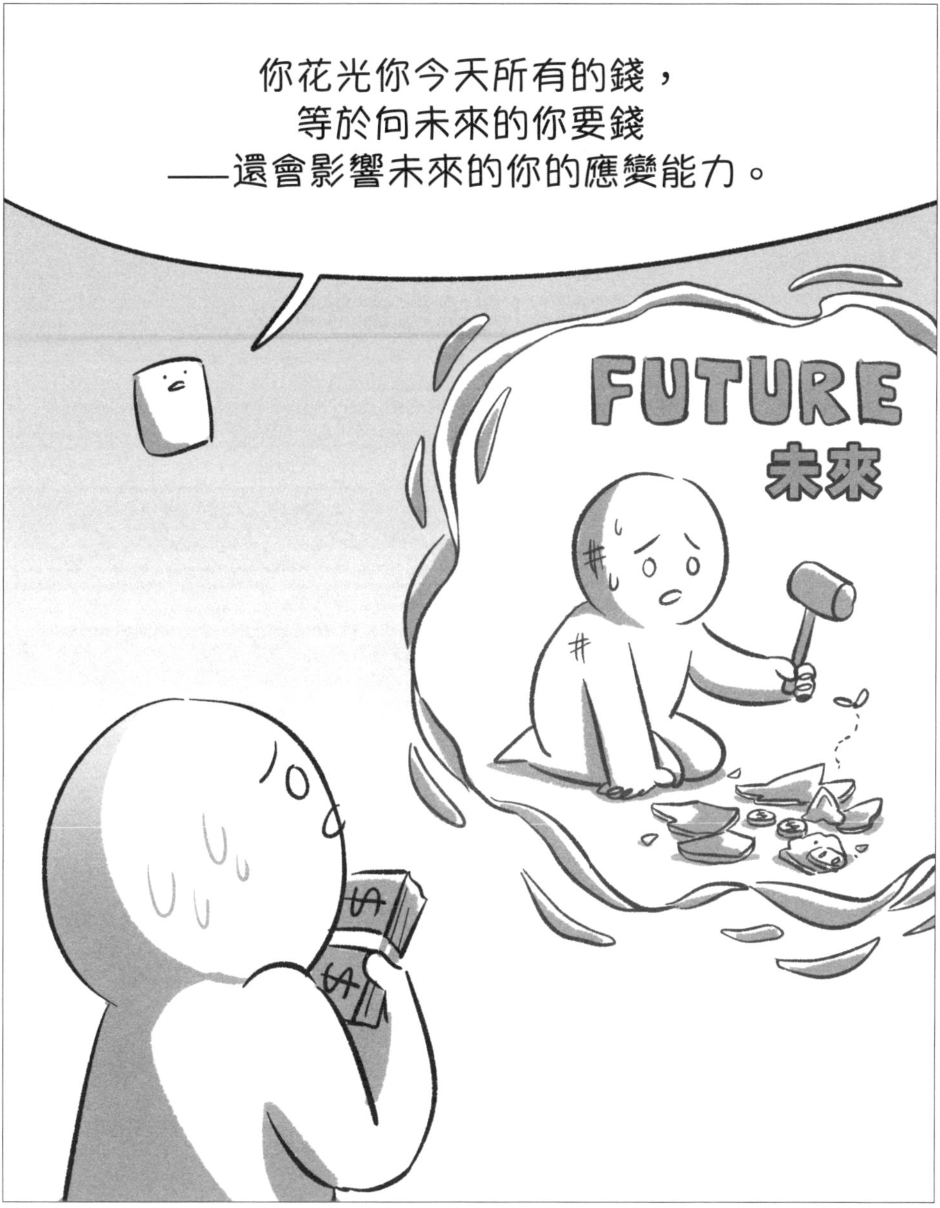
你花光你今天所有的錢，
等於向未來的你要錢
——還會影響未來的你的應變能力。
FUTURE
未來

問題是：生活永遠會有變化。
人會變。經濟會變。環境會變。夢想也會變。

財務沒有積累，連帶你
因應變局的選項也會受限。

我要買
一把傘……

傘具小舖

抱歉，
因為通膨的關係，
現在一把要$20。

#3 隨波逐流不一定是好主意

假設所有事情都不變,
這個月的薪水才用完、下個月的薪水就進來,
這種所得與需用搭得剛剛好的生活
聽起來好像很不錯。

比方說:你在二十多和三十多歲時,
即使儲蓄不多,生活也不成問題。
你或許會認為這種開銷模式可以長此以往下去。

#2 很多人想要躺平，但是他們的目標卻與此不相容

大家通常宣稱自己想要簡樸的生活，但是事實上他們的生活型態既不簡樸，生活成本也不低廉。

每個月開銷$3000、有一輛車、住在精華地段——這不叫簡樸的生活。

#1 躺平其實就是靜止不動

在這段期間,別人會與你拉近距離,
迎頭趕上,甚至超越你。

要是你未來決定再次爬起來,
你或許會發現自己已經遠遠落後於他人。

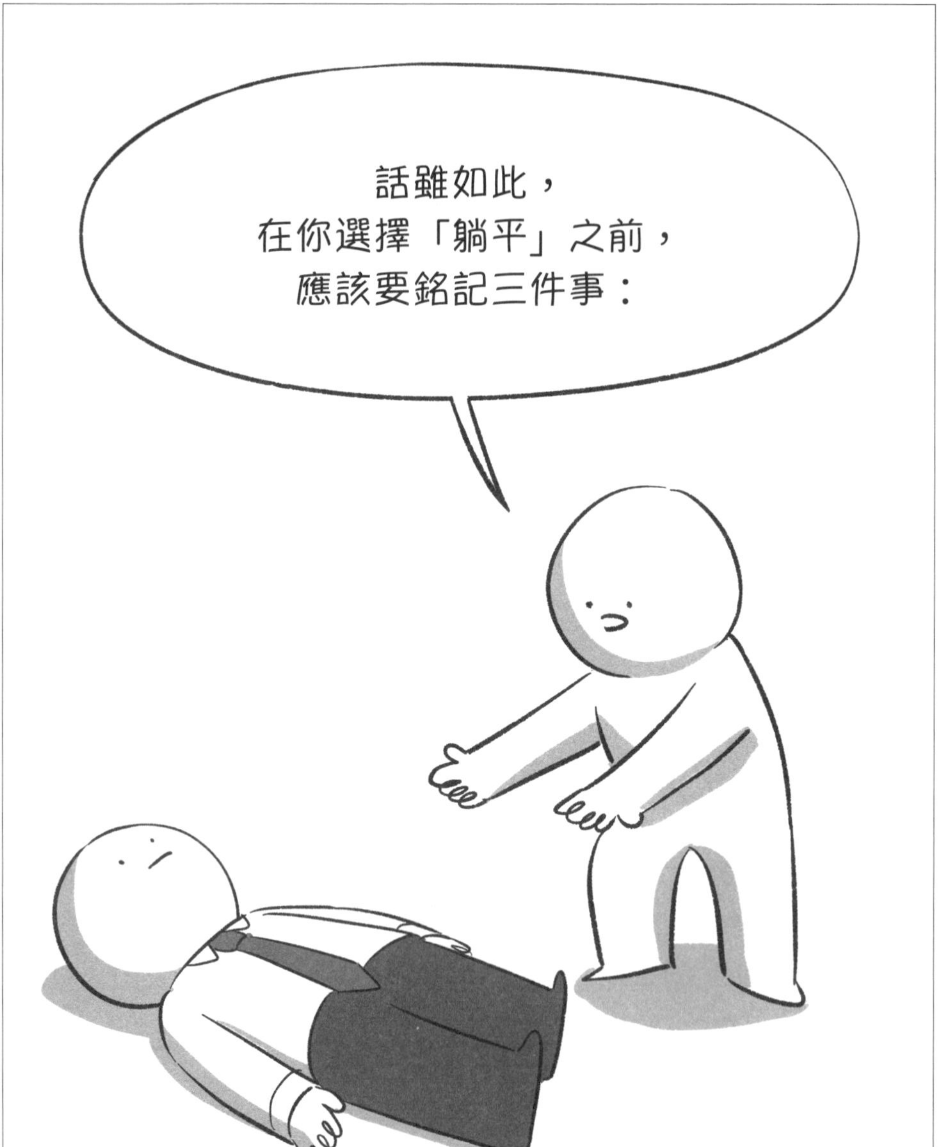
話雖如此，
在你選擇「躺平」之前，
應該要銘記三件事：

那麼,躺平呢?

根據我的經驗,躺平也很好。

當一個人拒絕接受「成功」的傳統觀念,
像是金錢、物質主義,
就可以立刻退出永無休止的競爭。

這大概是躺平以及諸如
「反工作」(anti-work) 等
其他相關概念如此風行的原因。

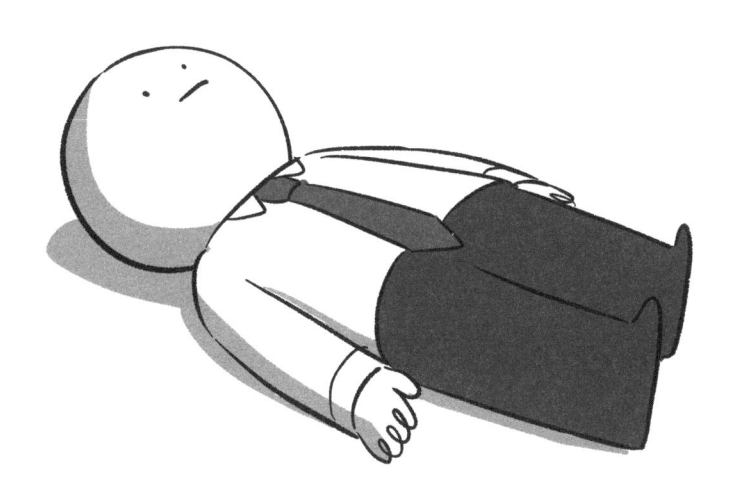

至於「奮鬥文化」對於成功的狹隘定義，
這一點更是不在話下——
多半是用你有多少錢來衡量。

事實上，成功的道路很多。

養兒育女

為理念而戰

守護環境

具備一技之長

這些都是實現成功的方程式。

當然，如果做得太極端，
奮鬥文化會淪為有害、愚蠢，
而且反倒有損生產力。

舉幾個例子：

- 忙碌是榮譽的徽章
- 追求目標無止境，永遠無法找到成就感
- 為工作而工作
- 為了賺錢犧牲太多時間
- 不休息而造成過勞

為養成技能、知識、經驗和人脈而「奮鬥」能提高你的所得，而回過頭來賦予你更多選擇。

首先，我們從為什麼
你或許應該奮鬥開始講起。

雖然奮鬥文化有種種負面新聞，
我還是認為奮鬥是好事，
特別是在適度實行時。

哪一個才正確？
我們沒有辦法
給你一個
直截了當的答案。
不過，身為兩條路都曾經歷的過來人，
我或許可以提供一些見解。
躺平
奮鬥

我們身處一個經常
給我們矛盾訊息的社會。

躺平文化 ←――――――――→ 奮鬥文化

奮鬥文化要我們拚命努力。
成功的樣貌就是創業精神、大把鈔票
以及無時無刻不在忙碌。

躺平文化告訴我們努力不一定有收穫，
因此我們連試都不應該試。
只活在當下比較好。

我應該要奮鬥嗎？
還是我應該躺平？

我應該要奮鬥嗎？
還是我應該躺平？

原發表日期：
2022年11月25日

～～～～～

有些人選擇奮鬥，為自己爭取更好的生活。有些人決定「躺平」，拒絕成功的傳統觀念。

你選哪一個？兩者各有什麼風險？

保持清醒，社畜。

話說回來，
為什麼不學著在公車上微笑？

不過,還有一件事:
不是每個人都買得起捷豹,
而買不起也無妨。

我們經常聽到一句話：

金錢或許買不到快樂，
但是我寧可在捷豹裡哭泣，
也不要在公車上流淚。

——莎崗（Francoise Sagan）

例3

如果你在考慮退休，離開生活費高昂的城市，搬到生活費更低的地方，也沒有什麼好丟臉。

其實你的生活品質或許會因此提升，不必再精打細算，只求得勉強糊口！

例2 縮減旅行預算

如果機票已經花光你所有的錢，飛到遙遠的夢幻地點旅遊根本沒有意義。渡假不應該增加你的財務壓力！

笑死
桑心

例1 縮減住房規格

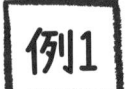

選擇減少住房支出
能帶來非常實質的利益。
你可以用省下來的錢償還貸款，
或投資未來。

好啦，
那是太小了一點。

因此，如果你今天擔心錢不夠，
你應該做的第一件事就是
看看還有哪裡可以「降級」。

以下是幾個例子：

④ 你不再追逐別人定義的潮流，開始專注於你自己的需求。

3. 你的房子沒有囤積物，是一個低壓力的居住空間。

② 你因為個人消費較少
而更環保。

The Woke Salaryman Crash Course on Capitalism & Money

① 因為你的開銷不高,當你決定退休時,你的儲蓄所能支應你的時間會更為長久。

與其想著買那些
我認為會讓我快樂的東西，

我寧可選擇買我買得起的東西，
然後為此快樂。

當然，以少為樂，
還有其他非常實在的好處：

你買了這些東西，之後覺得厭煩，
然後開始找更新、更光鮮的東西。

這個循環周而復始，永無止盡。

直到你的口袋空空。

這件事真的就是那麼簡單：
買東西多付一倍的錢，
快樂不一定多一倍。

那是因為世界上總是會有
更新、更光鮮的東西。

那實在很蠢。
因為好東西理應是為了讓你開心,
而不是讓你在為它們掏錢時覺得痛苦。

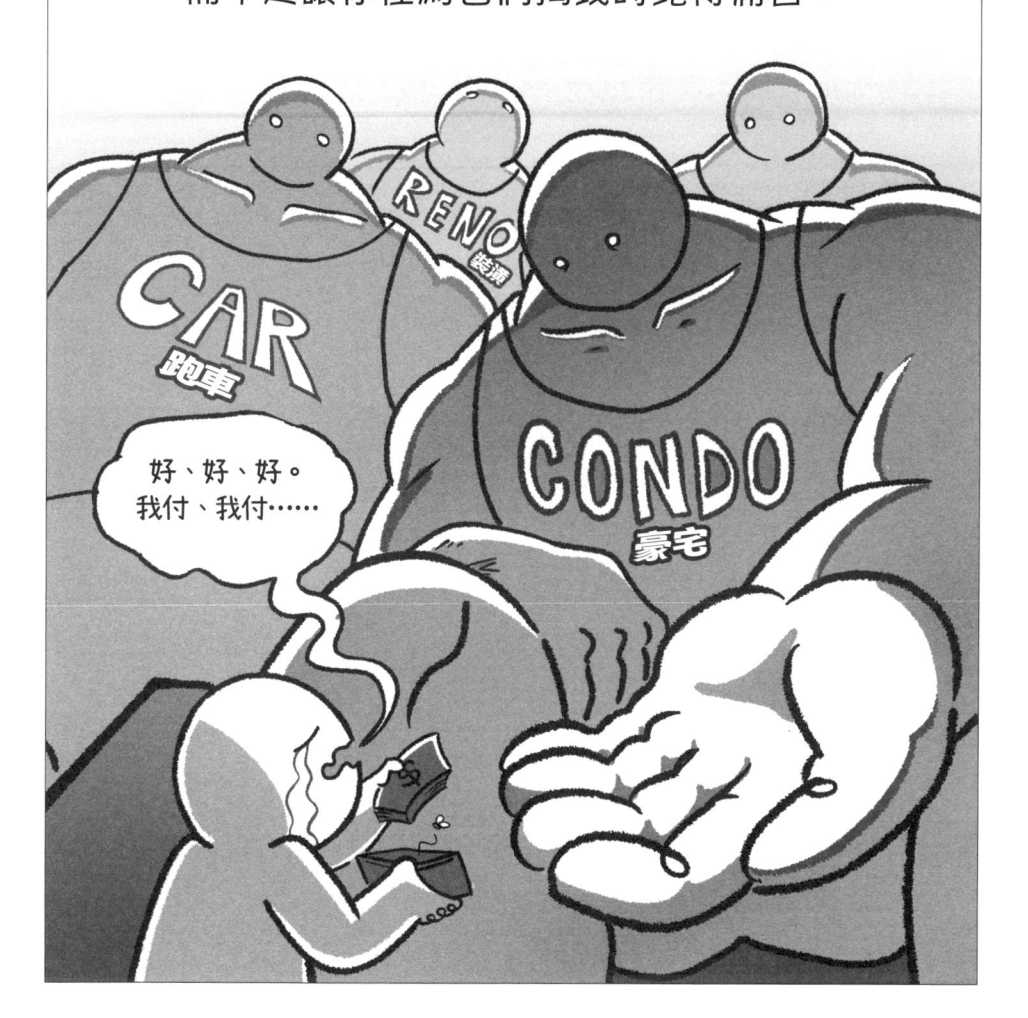

第4章　比有錢人更富裕

如果你就是負擔不起，
開銷增加的壓力
會讓升級變得不開心。

真希望
我有錢。

我也是。

加我一個。

追求升級或許會讓你看起來體面，
甚至感覺良好，
但是大部分事物都只是暫時的。

那就是<u>生活型態通膨</u>。

也正是很多人覺得
存錢困難的原因。

生活型態
LIFESTYLE

這樣注定
以悲傷收場。

我們錢賺得愈多，就必須花得愈多

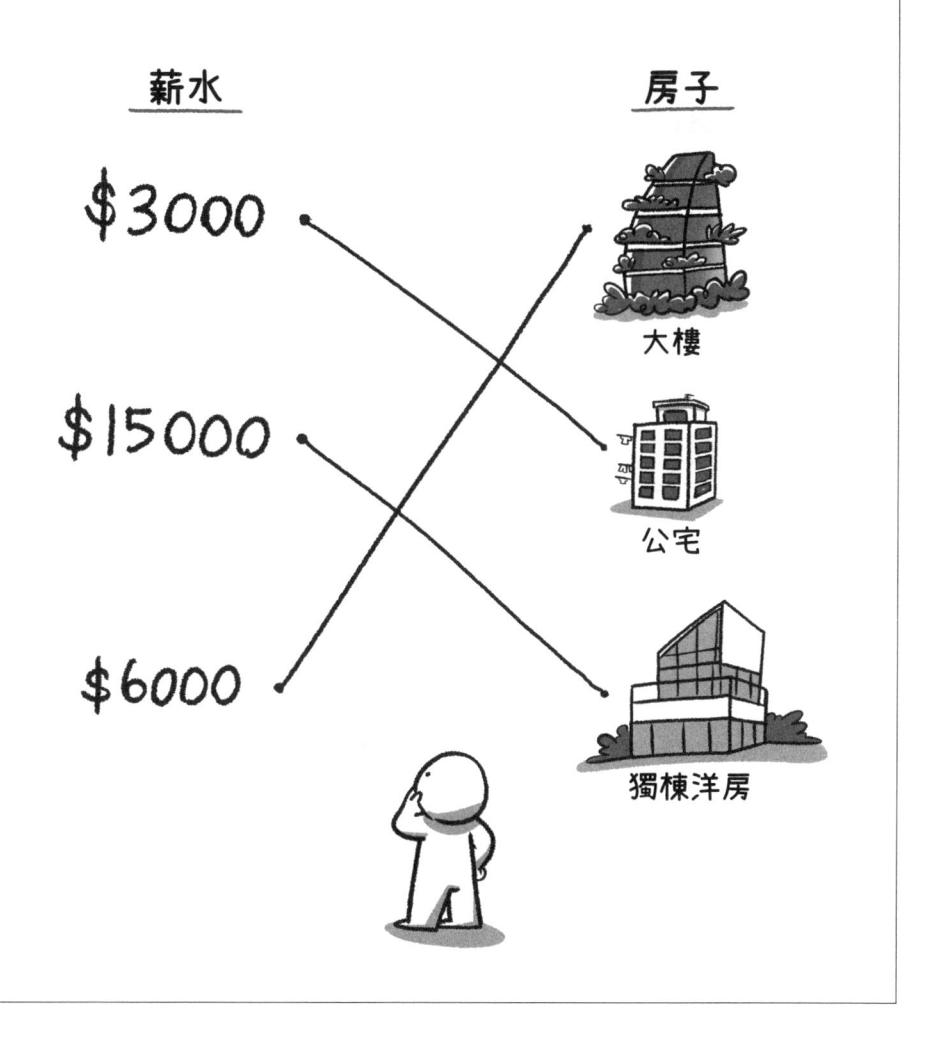

薪水　　　　　房子

$3000　　　　大樓

$15000　　　公宅

$6000　　　　獨棟洋房

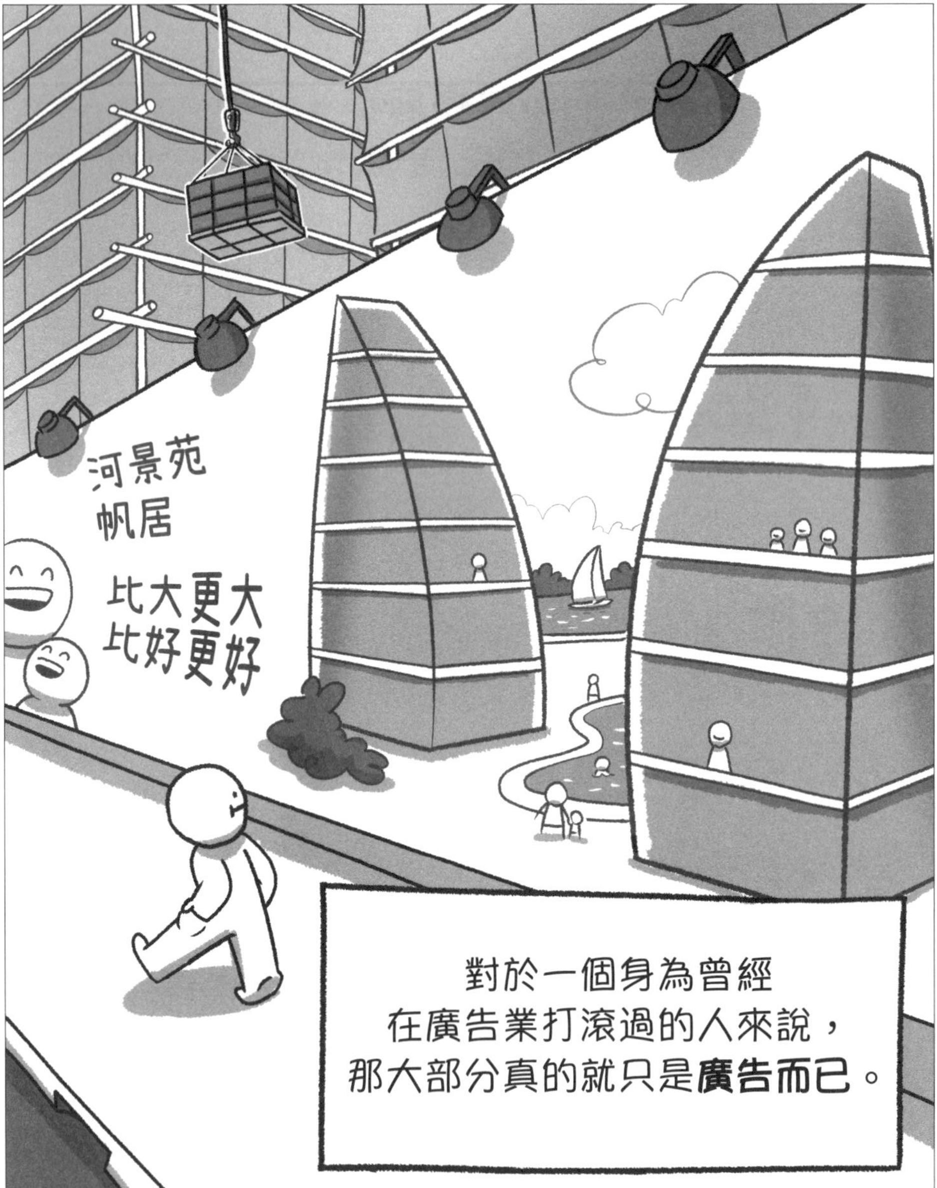
河景苑
帆居
比大更大
比好更好
對於一個身為曾經
在廣告業打滾過的人來說，
那大部分真的就只是**廣告而已**。

The Woke Salaryman Crash Course on Capitalism & Money

社會告訴我們，
愈大、愈新一定愈好。

河景苑

COMIC BY
THE WOKE SALARYMAN

我不求上進，我驕傲

我不求上進，我驕傲

原發表日期：
2019年10月25日

～～～～～

我們生活在一個被過度消費主義吞沒的社會。但是，當我們期待購物療法和無止盡的升級會帶給我們更美好的生活時，事情會怎麼樣？以下是一個逆勢操作的故事。

窮人因知足而富有；
富人因不知足而貧窮。

——班傑明・富蘭克林 (Benjamin Franklin)

保持清醒，社畜。

人曾經擁有得更少,但是更快樂。

不管愛不愛聽,一個無從迴避的事實就是:
快樂或許就近在咫尺,觸手可及。

真正的問題是:
我們為什麼不選擇伸出手?

現在在讀這本書的你,
相較於曾經活在這個世界上的人,
你的生活水準比絕大多數的人都好。

至少我們有食物、還可以取個暖!

以前,人不需要跑車、豪宅、名牌包和可以上傳IG的旅遊照片,也能感到快樂。

這表示過去的人如果有你現在擁有的一切,
一定會快樂得不得了。

話雖如此，我們之所以無法心懷感恩，
通常是因為視野不夠寬廣。

所以我們可以思考以下這件事：
人類曾經歷經饑荒、戰爭、天災與疾病。

把死掉的人送過來！

培養感恩心的方法很多，
以下是其中幾個：

- 說出你的感謝。

- 寫個紙條表達你的感謝。

- 寫感謝日誌。

- 把注意力放在你人生中出現的美好事物，特別是你視為理所當然的小事物。

感恩

感恩是不斷寄託於更深的喜樂。

感恩能幫助你感受到
更正向的情緒、享受美好的體驗、提升健康,
並順應逆境。

亞里斯多德（西元前384-322年） 相信，
滿足感來自於順其自然以及充分實現個人潛能。

幸福就是知足其樂。

佛陀鼓勵世人尋求內在的平靜，
這是通往知足與喜樂的道路。

知足

許多古代哲學家認為,快樂來自內在;
而不是來自外在因素,像是更富有、更聰明,
或是長得比別人更好看。

古諺說得實在:
人比人氣死人。

那麼，我們要如何克服相對剝奪感？

根據我們的研究，
我們相信有兩帖良方可解：

知足
CONTENTMENT

&

GRATITUDE
感恩

聽好，我們的意思不是說你
因為相對剝奪而不快樂沒有道理。

感受到相對剝奪很正常。

可是，同樣真實的是
它在妨礙你快樂的能力。

如果以快樂為目標，那麼
要如何克服相對剝奪感就值得我們探索。

第4章　比有錢人更富裕

即使你是百萬富翁，還是有可能不快樂
——尤其是如果你拿自己和億萬富翁比較！

可是，爸爸！
我的朋友理查
有火箭！

比方說：你在社群媒體上看到其他人
擁有比你更好、更大、更新的東西時，
或許會因此感到不快樂。

你或許也會欽羨那些比你有錢得多的人。

或是其他地方，你素昧平生的名人。

我的新車

想想看：
過去，人只能在一個小圈子裡彼此比較。

而如今，我們的比較基礎已然擴張。
而且是大幅擴張。

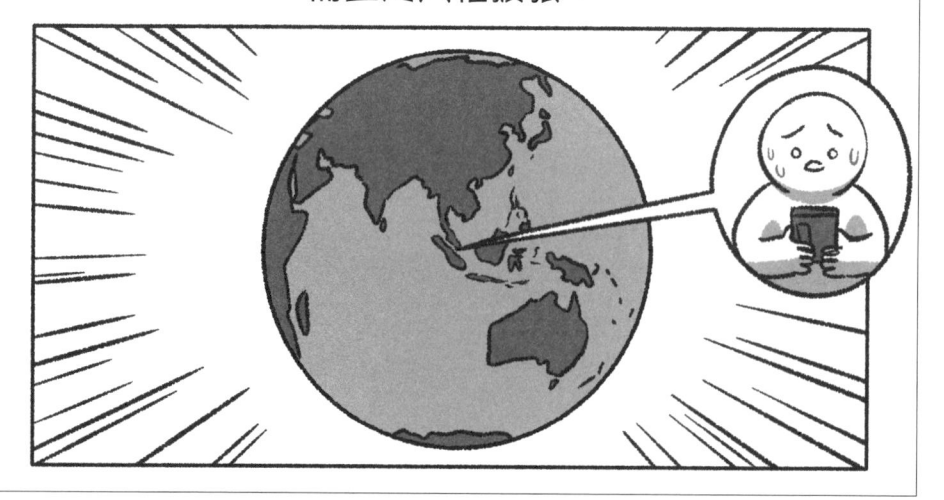

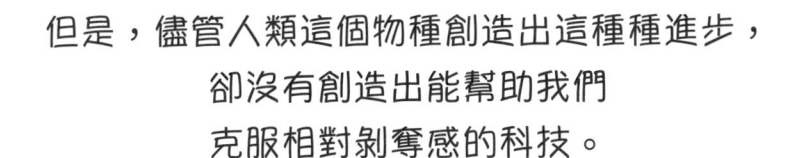

但是,儘管人類這個物種創造出這種種進步,
卻沒有創造出能幫助我們
克服相對剝奪感的科技。

事實上,社群媒體與全球化之類的事物,
或許正在讓我們挖一個更深的坑給自己跳。

在人類歷史的進程中，
我們創造科技，解決食物、水和安全的許多問題。

這有助於消弭絕對剝奪。

如果你用智慧型手機讀這本書，
也不必為每天的生存問題煩惱，
你很可能不是處於絕對剝奪。

覺醒的社畜

絕對剝奪有清楚的指標。
它不是取決於比較。

例如：
一個饑餓的人就是遭受絕對剝奪之苦。

一個人如果一天只睡3個小時，
那也是絕對剝奪。

又或是一個人的所得如果低於依據**全國貧窮線**
而訂定的水準，那也是絕對剝奪*。

＊新加坡沒有官方的貧窮線，這個故事得另外找時間說。

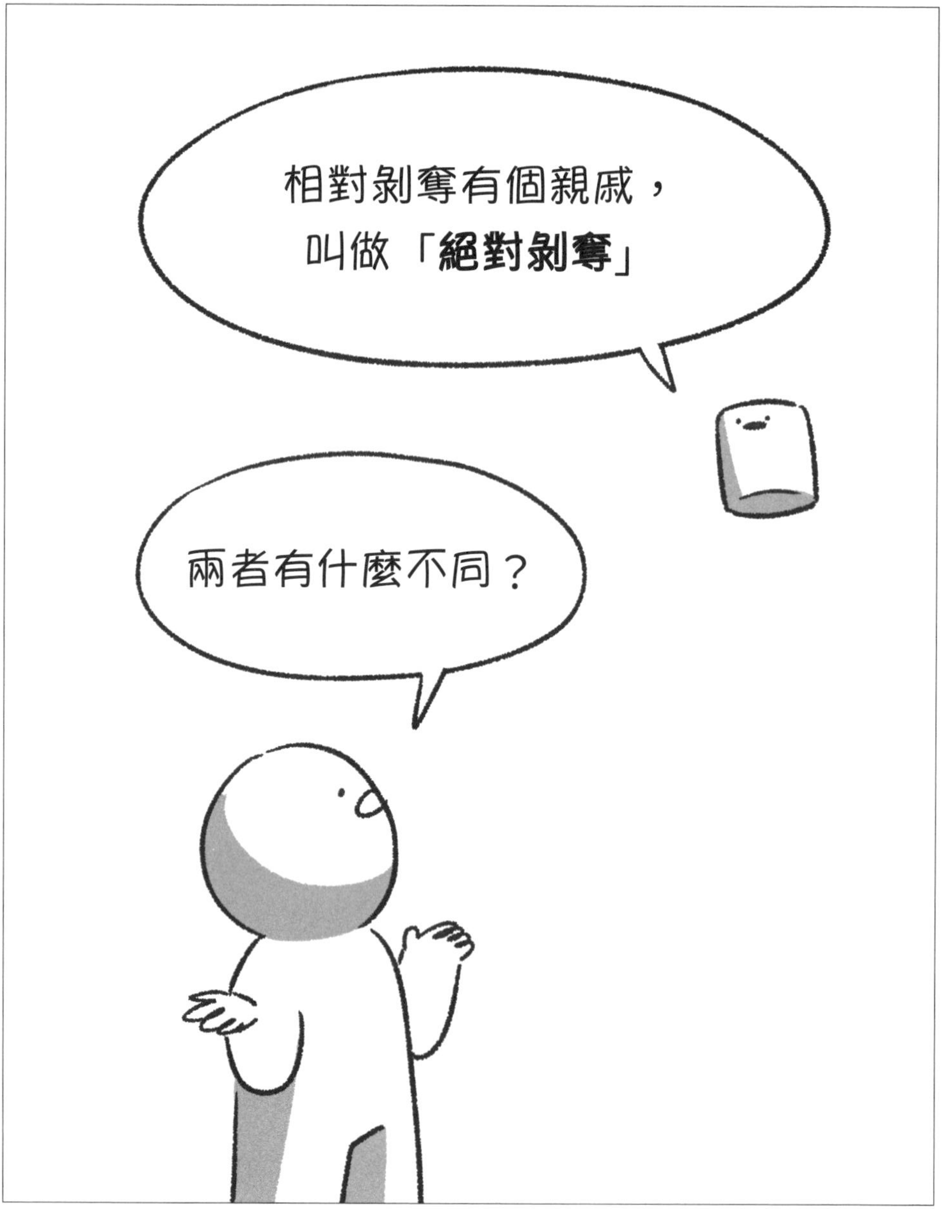
相對剝奪有個親戚，
叫做「**絕對剝奪**」
兩者有什麼不同？

什麼是「相對剝奪」？

這是一種從比較兩個人的處境所引發的不快樂。

不公平！

有相對剝奪感的人，
覺得自己應該擁有或得到和別人一樣的東西。

第4章　　比有錢人更富裕

如果你大部分問題都答「是」，
又住在先進國家，
那麼你很有可能是患了……

RELATIVE DEPRIVATION
相對剝奪症候群

這是一種連富人
都會有的不快樂。

The Woke Salaryman Crash Course on Capitalism & Money

來個快速自我檢測：

1. 你有食物、水和住處嗎？
2. 你相對健康，沒有重大疾病嗎？
3. 有人愛你、關心你嗎？
4. 你還是不快樂嗎？

是、是、是、是……

富人永遠不會快樂
最大的一個原因

為什麼有些有錢人永遠都不會快樂

原發表日期：
2023年3月6日

作者的話：

許多有錢人可能擁有大量財富，但他們還稱不上幸福。為什麼？我們探討為何「人比人真的會氣死人」。

第 4 章
比有錢人更富裕

假設,你已經完全按照前幾章說的去做。

你練就一身本事,讓你能有不錯的所得。你先存錢,然後投資。甚至你很早就達到財務自由,或許是在三十或四十幾歲的時候。

可惜,你的生活品質可能還是很差。

目前為止,我們在本書所解決的問題是你要如何累積金錢和資產。這一點極其重要,特別是如果你是住在全球某個主要大城市裡。

不過,如果你認為你要實現美好的生活,物質豐厚是你唯一欠缺的條件,那麼你就錯了。

至於原因何在,請聽我們道來。

第 4 章

比有錢人更富裕

BE WEALTHIER THAN THE RICH

知足是最大的財富。

——柏拉圖

外面的世界很大。

祝你好運,事事大吉。

保持清醒,社畜。

我們怎麼看這件事？
我們認為專注於我們能控制的事物很重要。

不，你無法阻止別人的來來去去。

但是你可以累積技能與財富。

兩者都能讓你有所選擇，可以前往你覺得草地更青翠的地方。

第二，去到財富與人才選擇定居的**地方**，
你自己會比較有機會成為有財富或有才能的人。

這是相較於財富與人才
連靠近都不想靠近的地方而言。

第3章　2020年代的現實世界

為什麼？

想想看：如果你有錢又有能力，
你會選一個破爛的地方生活嗎？恐怕不會。

你會在你能力範圍內
挑最好的選擇。

不過,以下兩個觀點值得思考:

第一,如果你的城市實施一些措施
以吸引外來的財富和人才,
這表示它已經是一個生活相當不錯的地方。

它大概已經是一個能夠提供
相對優良的工作、機會、公共服務、基礎建設
和安全之所在。

在自己地盤的本地人會有何感受？

或許感到自己變得更窮。價格高攀不上。在競爭中落後。

我們要告訴你：你有這些感受很正常。

全球化對有些人是有益的，
但是對有些人卻相當殘酷。

我們完全同意,
這不是什麼好消息。

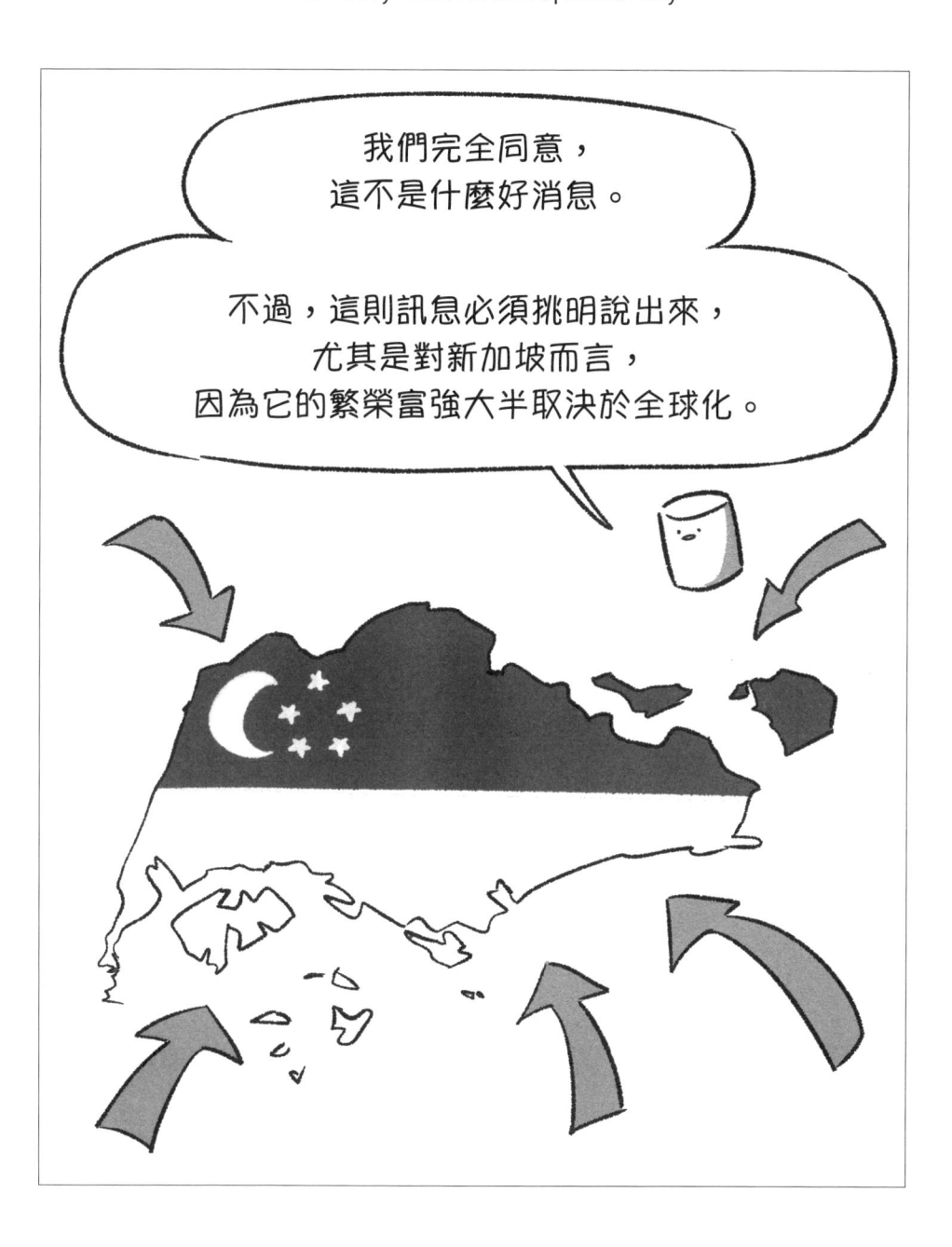

不過,這則訊息必須挑明說出來,
尤其是對新加坡而言,
因為它的繁榮富強大半取決於全球化。

在21世紀，各國會為
爭搶**「財富」**與**「人才」**而廝殺。
這場戰爭已經開打。

對於沒有選擇而留在國內的人，
這會有何影響？

就業機會變少。
甚至是失業。購買力的減損。

事實上，如果長此以往下去，
有一天可能連你都會考慮出走，
到一個你覺得更理想的地方。

本地財富和人才離開一國，
分別稱之為「**資本外逃**」與「**人才外流**」。

如果政府的稅收不夠,
就沒有足夠的資金投資他們的國家。

那麼,諸如健保、教育、警政、公共事業等
公共服務可能會因此惡化、甚至不存在。

政府甚至可能考慮對年輕人加稅,
好填補預算的缺口。

理由4：你的國家會變窮

乍看之下，國家沒有這些新來者，
未來看起來也很不錯。

你以為：

沒錯，物價會更親民，
生活會更平等。

好工作的競爭會變少。

本地人專用

可惜，事與願違。

理想上，以下是政府吸引財富和資本移入所希望發生的事：

勞動力有更多有生產力的人
＋富人增加支出

⬇

稅收增加

⬇

政府支出的財源增加

但事情不總是這樣

理由3：政府需要更多稅收，以籌措建設經費

很多先進國家由於人口老化而面臨公共支出的增加。

同時，他們的工作人口也已經萎縮。

這表示他們能收到的稅在變少。這實在很不妙。

在本地設立企業的外國人也能為在地人創造就業。

創造就業的管道有兩種：

1）直接雇用本地人。
2）在小型本地企業工作，這也能為本地人提供工作。

誠徵！

理由2：他們能提升我們的勞動力素質

外國的技術人員與本地人共事，能把他們的技能傳給本地人，而這又會回過頭來提升在地人在全球的競爭力。

理由1：有錢的移民會增加支出

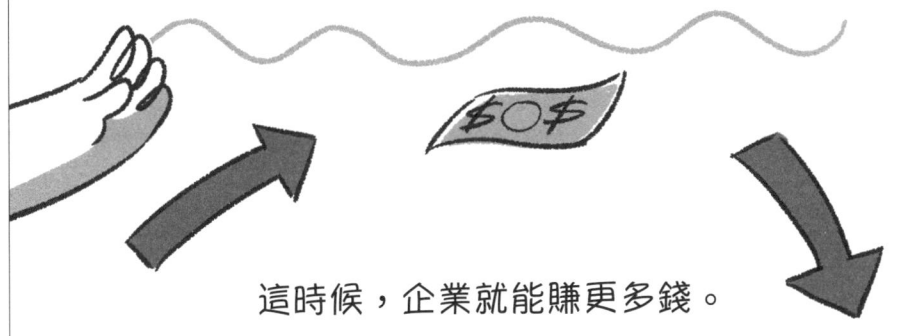

這時候，企業就能賺更多錢。

這樣就會創造一批高所得的本地人，
而他們會增加支出，
進而讓更多人賺到更多錢。

理論上，國內的每一個人
都會一起變得富有。

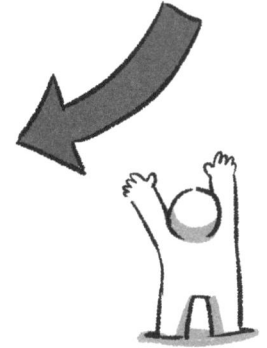

聲明：我們不見得贊成為這種思維。
我們也知悉對此的批判。
不過，有鑑於這麼做的政府實在是太多了，
對這派思潮以及其所意欲達到的成效
有所認知就很重要。

那麼，如果這些外國人讓生活惡化，
為什麼有這麼多政府想要吸引他們移入？
入境
才
財富
人才
財富
如果你願意暫時敞開心胸，
請聽聽你的政府思維背後的理由：

第 3 章　　2020年代的現實世界

此外，有錢外國人的湧入，
可能會推升某些事物的價格。

比方說，你家附近餐館的班尼迪克蛋
如果可以用$48一客的價錢賣給有錢的外國人，
那它為什麼要用比較低的價格賣給你？

不用找了。

同樣的道理也適用於其他事物：
租金、不動產、計程車、服務等等。

醜話先說在前頭：這不一定是好事。

新來者不盡然全都是善類。
其中有些人粗鄙、傲慢，不尊重當地文化和規範。

我對此深惡痛絕。

各國政府想要爭取的「富」人通常有兩種：
一種是「財」力雄厚，另一種是「才」力雄厚。

「財」富：高淨值個人。
像是百萬富翁和億萬富翁。

「才」富：身懷特殊技能
而能藉此創造高所得的移民。

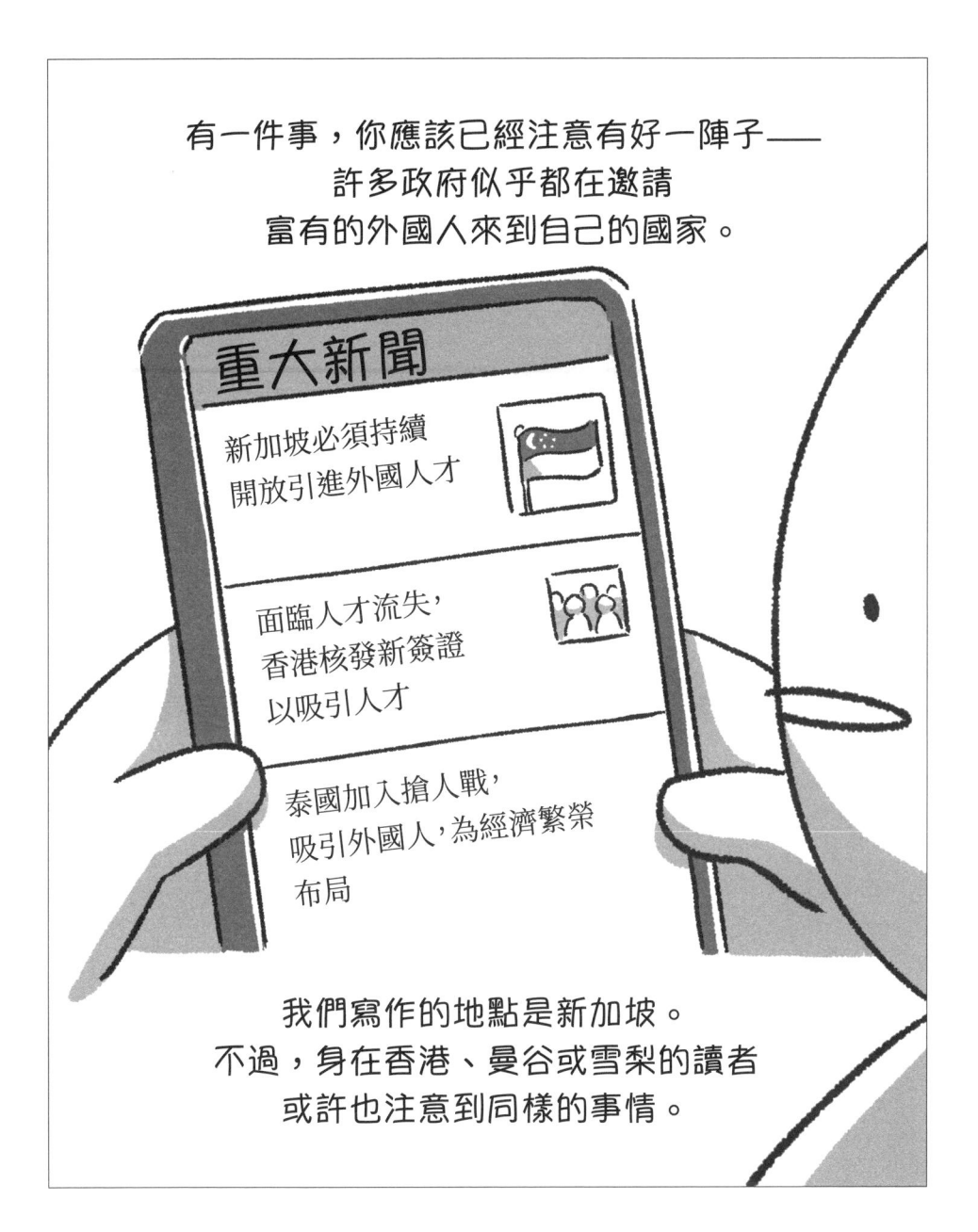

有一件事，你應該已經注意有好一陣子——
許多政府似乎都在邀請
富有的外國人來到自己的國家。

重大新聞

新加坡必須持續
開放引進外國人才

面臨人才流失，
香港核發新簽證
以吸引人才

泰國加入搶人戰，
吸引外國人，為經濟繁榮
布局

我們寫作的地點是新加坡。
不過，身在香港、曼谷或雪梨的讀者
或許也注意到同樣的事情。

我對外國人搬進我的母國有何感想

我對外國人搬進我的母國有何感想

原發表日期：
2023年4月24日

~~~~

在全球許多大城市，年輕人要面臨來自兩類移民的競爭：有錢人和人才。

有錢人用價格排擠他們。人才在就業市場贏過他們。兩者都提高生活成本。

以下是我們認為你對此應該有的反應。

第一，你必須理解不平等的根本原因，以免努力徒勞無功。

第二，困難的事情很少是獨立完成。一個人不夠。人多好辦事。你需要號召眾人一起為你的理念努力。

最後，能夠讓事情變得更好的人通常不是有錢就是有能力。諷刺的是，你或許需要累積兩者才能創造那個在你的量尺下更平等的世界。

有可能成功嗎？或許。

但是，你或許也要活得夠長才能當反派。

保持清醒，社畜。

同時，精通科技的人能夠藉此擴大他們的投入，達成高所得與高獲利。拜科技之賜，像谷歌這種企業的經營團隊，相較於傳統的人員配置人數，規模極其精簡。但是這表示職缺愈來愈少。工廠和組裝線的情況也相仿。又或者運用軟體減少人工成本的一人創業家（solopreneur）也是一樣。

以下是一個常見的想法：科技理應讓我們的生活輕鬆容易，讓我們做事更迅速、更有效率。對於社會裡大半人口來說，科技確實發揮這樣的效用。

然而，科技也在摧毀社會裡同樣大半人口的生計。

面對這項資訊，我們應該怎麼辦？

不平等，無疑是我們這個世代最熱門的話題之一。

許多關於不平等的對話都極具煽動性，而且通常都在嘲諷位於財富光譜兩個端點的人：

窮人是一無是處的懶惰蟲。

富人是貪婪的反社會囤積者。

讓人坐立難安的真相是，世界遠比這複雜得多。還有，你光是身在先進國家，也會透過某種管道或形式加劇不平等。

我們認為：如果你想要讓世界變得比較平等，你必須先做幾件事。

科技加速全球化造成的問題

最後,科技呈指數級的跳躍發展,放大前述的許多問題。它們讓輸贏的代價落差擴大,進一步拉大不平等鴻溝。

拜網際網路之賜,開發中國家的便宜勞工更容易與他國勞工競爭。一個經典例子就是:雇主可以透過 Fiverr 或 UpWork 等工作外包平台雇用在菲律賓的繪圖設計師。他們的薪酬比新加坡人、歐洲人、日本人或美國人更低廉。

軟體與自動化已經取代無數的工作,或至少壓縮薪資的成長。我母親在 1990 與 2000 年代從事記帳的工作,月薪是 2,500 新幣。二十年後的今天,這項職務的薪資中位數基準點仍然是 2,500 新幣。

想像一下：

假設你在新加坡一個月賺 4,500 新幣。

百萬富翁一下子蜂湧而至，來到你的城市。一個月賺 30,000 新幣的外派工作者開始推高租金。有些人還會和你搶你夢想中的工作。他們開的車，你連做夢都開不起。

突然之間，你最喜歡的地區的房價，你已經高攀不上。你最喜歡吃早午餐的地方，一客班尼迪克蛋要價居然跳上 48 新幣——而且還賣得掉！

即使加薪 500 新幣，你一定還是覺得自己變得更窮。你滿腹怨忿不平。

我們從這裡得到兩個啟示：

1. 政府愈來愈需要為繳較多稅金的富人端出更多牛肉。

2. 政府要設法對眾多富人課輕稅，而不是對少數富人課重稅。

話雖如此，讓大量富人進入你的國家也會衍生出一些後果。這就要談到……

全球化、移民與仕紳化

不久之前，中峇魯（Tiong Bahru）還是新加坡房價最親民的地區。那裡的建築風格老舊。那裡的商店迎合居民的需求——主要是老人。

2010 年代期間，情況起了變化。中峇魯在文青的「再發現」下變得炙手可熱。文青咖啡館與時髦餐廳紛紛開店設點。停車位一位難尋；停車場停滿 BMW 和其他名貴的豪華車。

不久之後，中峇魯的年老居民已經住不起這裡。

這個過程稱為「仕紳化」（gentrification），全球各地都在上演：其他知名的例子包括美國紐約的蘇活區（SoHo）、澳洲墨爾本的布朗斯威克（Brunswick）和英國倫敦的哈姆雷特塔自治市（Tower Hamlets）。

不過，仕紳化在城市和國家也有大規模發生的現象。

大部分人都會選 17%。如果你是百萬富翁，那麼你大概也有資源可以執行這個目標。

隨著世界的連結愈來愈緊密，資產與金錢也可以輕易流出一國。這對政府來說不是好消息，因為它們需要稅金，為種種政策籌措資金，例如福利與教育計畫。

由於全球化，政府不得不與其他政府競爭，吸引富裕公民和企業。

政府因此陷入進退維谷的「軍規 22 條」情境（Catch-22）：要為縮減不平等而籌措財源，你必須對富人課稅。

……但是如果你讓他們覺得你的國家不適合居住，他們會移往其他國家，結果留下來的是比較貧窮的人口。

的產品。誰是唯一的輸家？失去工作的那群人。

不過，關鍵在這裡。

全球化是一把雙刃劍。

就像美國的工作在二十世紀流出，新加坡的工作也會流往其他勞工工資更低的國家。

劍能保命，也會要命，不是嗎？

全球化之下，「打富」更形困難

「向富人課稅」是受剝奪者的怒吼。很多人以為政府能夠從最富有的公民搜刮稅金，然後花在窮人身上，不過這只是個誤會。

事實上，以富人具備的流動性，政府很難演好羅賓漢的角色，施展刧富濟貧之功。答案就一個名詞：資本外逃（capital flight）。即使是像中國共產黨這種看似萬能的政府對此也是防不勝防、處處受挫。

試想以下場景：

假設其他條件不變，你願意選擇在新加坡繳 17% 的稅，還是在其他地方繳 40% 的稅？

我們父母有很多人是靠那些工作撫養我們、讓我們去上學、買房子並創造 GDP。總而言之，新加坡有許多嬰兒潮一代都見證了過去五十年間財富的巨變。

但是，這些工作是從哪裡來的？歐洲和美國。

沒錯，當美國的政客為「中產階級被掏空」而捶胸頓足時，我認為重要的是體認到新加坡人也在其中參了一腳。

當然，新加坡稱不上是唯一的罪魁禍首——日本大概還排在前面。

在同時期的可能還有台灣、香港和南韓。近年來則是中國。紀錄片《美國工廠》（*American Factory*）有極其鮮活生動的描繪。

另外還值得一提的是相較於 50 年前，世界變得更為平等。

時下關於不平等的盛行敘事指稱，1% 的富人以犧牲中產階級而發達。**一國之內的不平等已經擴大。**

然而在同一時期，有許多貧窮國家在過去 50 年間一步一寸、艱辛地爬出赤貧的深坑。新加坡、台灣和南韓是第一波。但是還有許多其他國家也跟在後頭。**在過去二十年間，國家之間的不平等鴻溝其實在縮小。**

那麼，我們應該為「偷走美國人的工作」而感到內疚嗎？

企業主是在權衡利弊得失之後，才理智清楚地決定把工作輸出海外。由於有薪資更低廉的勞工，消費者就有價格更低廉

（General Electric）的故事，並參考經濟學家傅利曼（Milton Friedman）的論述。

於是，**企業為了增加獲利，把腦筋動到削減成本上，包括人力成本**。他們要怎麼做呢？畢竟，股東資本主義本身只是一個觀念，沒有附實踐行動手冊。

為了找到答案，我們必須檢視股東資本主義得以抬頭的兩股助力：**全球化與科技**。

全球化創造就業，也剝奪就業

來上一堂簡單的歷史課： 新加坡的早期由於成本低，跨國企業把製造業工作引進新加坡。

我們有工作！

- 顧客
- 政府
- 銷售商與供應商
- 員工
- 廣大社會
- 股東

到了 1970 年代期間某個時候,這種經營思維轉變為完全以股東至上。

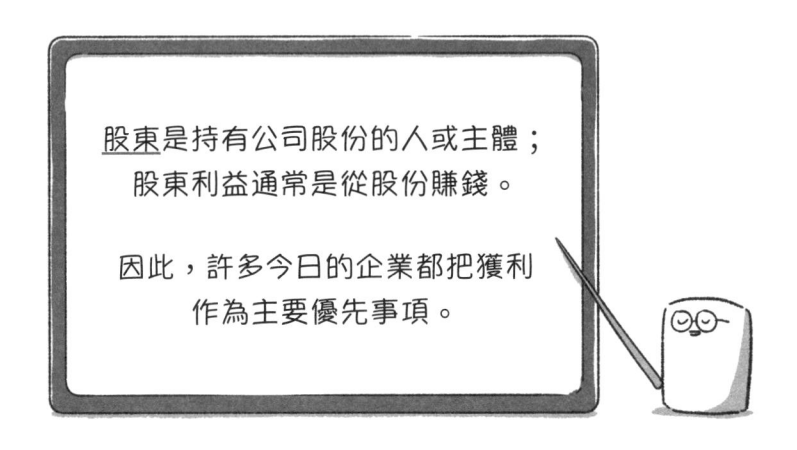

> 股東是持有公司股份的人或主體;股東利益通常是從股份賺錢。
>
> 因此,許多今日的企業都把獲利作為主要優先事項。

由此發生兩件事,推動當今先進國家所知的不平等的巨輪。

執行長的績效評核緊扣股價表現,這表示短期獲利變成最重要的事。企業不再尋求與利害關係人之間的雙贏局面。他們不計代價要成為贏家。想要多了解這個議題的讀者,可以參閱有關傑克・威爾許(Jack Welch)的論述以及奇異企業

在許多情境下,這些答案可能都有道理,而且也有相當多的報導。但是,我們今天要向你指出我們認為同樣值得你關注的因素。

這些因素是:股東資本主義、全球化和科技。

以下是你對它們應該有的認識。

股東資本主義

今天可能有點難以想像,但是在過去,許多企業不是以追求最大獲利為目標,而是整合了他們營運時往來的不同利害關係人的利益。其中包括:

為什麼會有不平等?

免責聲明:為防萬一,我們必須表明,我們並非貶低或是合理化不平等造成的痛苦。不過,本文的目的是為你觀察到的不平等現象補充脈絡。我們希望你覺得受用。

造成當今世界不平等的原因是什麼?

最近,我們在我們的社區做調查,得到各種各樣的回答。

有些人說,這要怪貪婪的企業、殘破的制度,以及貪腐的政治人物,才會形成這種本質上不公不義的制度。

有些人歸因於「心態」、「恆毅力」和「教育」這些條件的有無。

為什麼會有不平等？

原發表日期：
2022年12月5日

~~~~~~~

我們知道世界不平等。世界何以走上這條路？應該怪誰？在各種影響因素當中，我們特別點出經常被忽視的兩股重要力量。了解過去一路至今的歷程，就更容易擘畫下一步要走的路徑。

> 「我必須研究政治和戰爭，為的是讓我的兒輩
> 有研究數學和哲學的自由。」
>
> 「我的兒輩應該研究數學和哲學、地理、自然歷史、
> 造船、航海、商業與農業，才能讓他們的下一代
> 有學習繪畫、詩歌、音樂、建築、
> 雕塑、織錦與搪瓷的權利。」
>
> ——約翰・亞當斯 (John Adams)，美國開國元勳、第二任總統

保持清醒，社畜。

The Woke Salaryman Crash Course on Capitalism & Money

兒子啊,真不好意思,我太過分了。

不,老爸,對不起。
謝謝你讓我生活在
一個稍微好一點的世界。

我希望你可以讓你的孩子
活在一個再更好一點的世界。

第3章　　2020年代的現實世界

是說，這一代的人比較敏感，這也沒錯。
不過，這是你讓他們的世界
變得更好的副作用。

而敏感或許不是壞事。
這可能表示他們對困難的感知，
層次更細緻入微，
也能夠做細膩的調整，
改善他們子女的生活。

畢竟，你們上一代不也是曾經
嫌你們這一代
「爛泥扶不上牆」？

沒錯，他們確實說過……

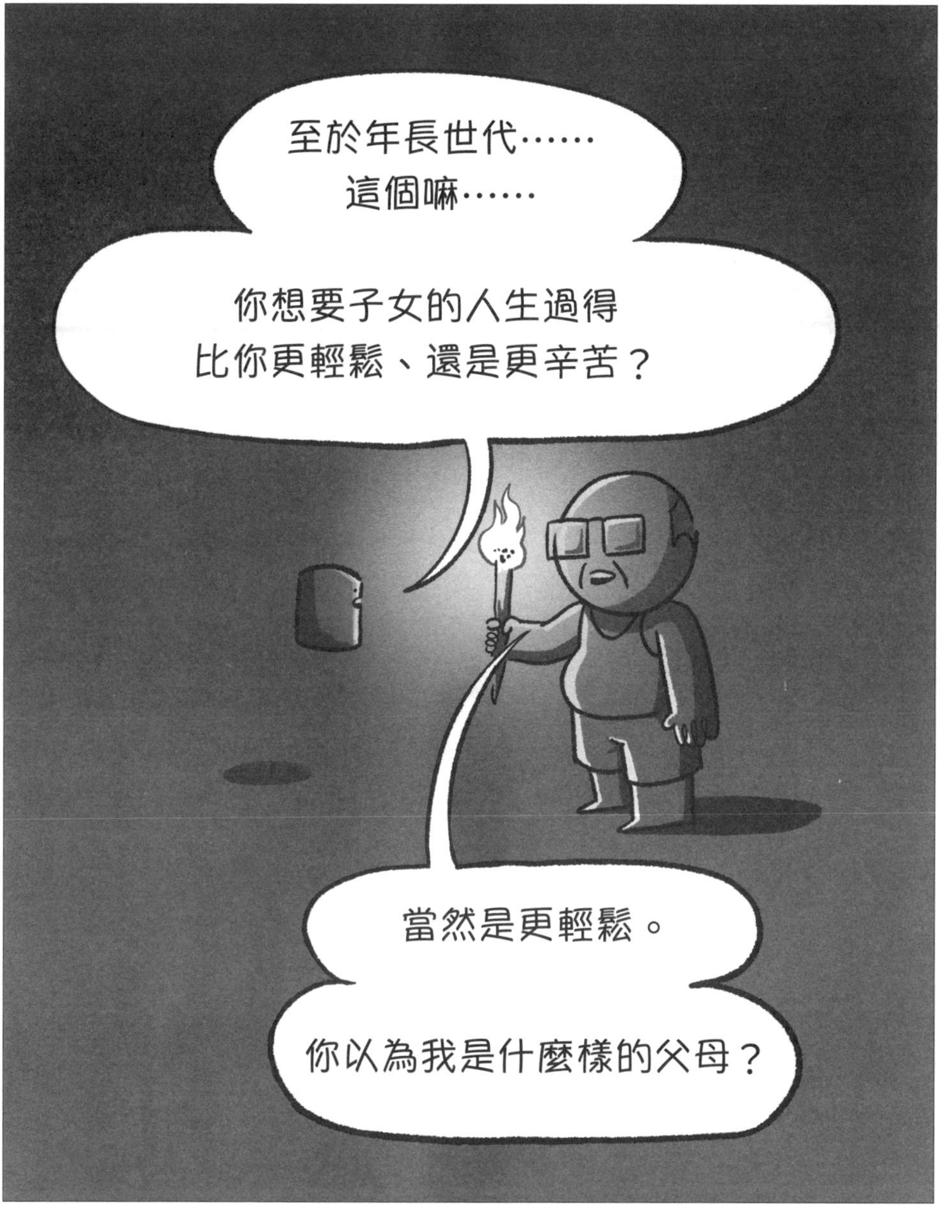
至於年長世代……
這個嘛……
你想要子女的人生過得
比你更輕鬆、還是更辛苦？
當然是更輕鬆。
你以為我是什麼樣的父母？

年輕世代有責任去研究過去世代的經歷，
不是只從前人的錯誤學習。

……還要為過去完成的基業心存感謝。

人是時間的產物。
沒有人躲得掉這件事。

每一代生活所處的環境都不一樣。
每一代遭遇的世界大事不同。
危機也不同。

第3章 2020年代的現實世界

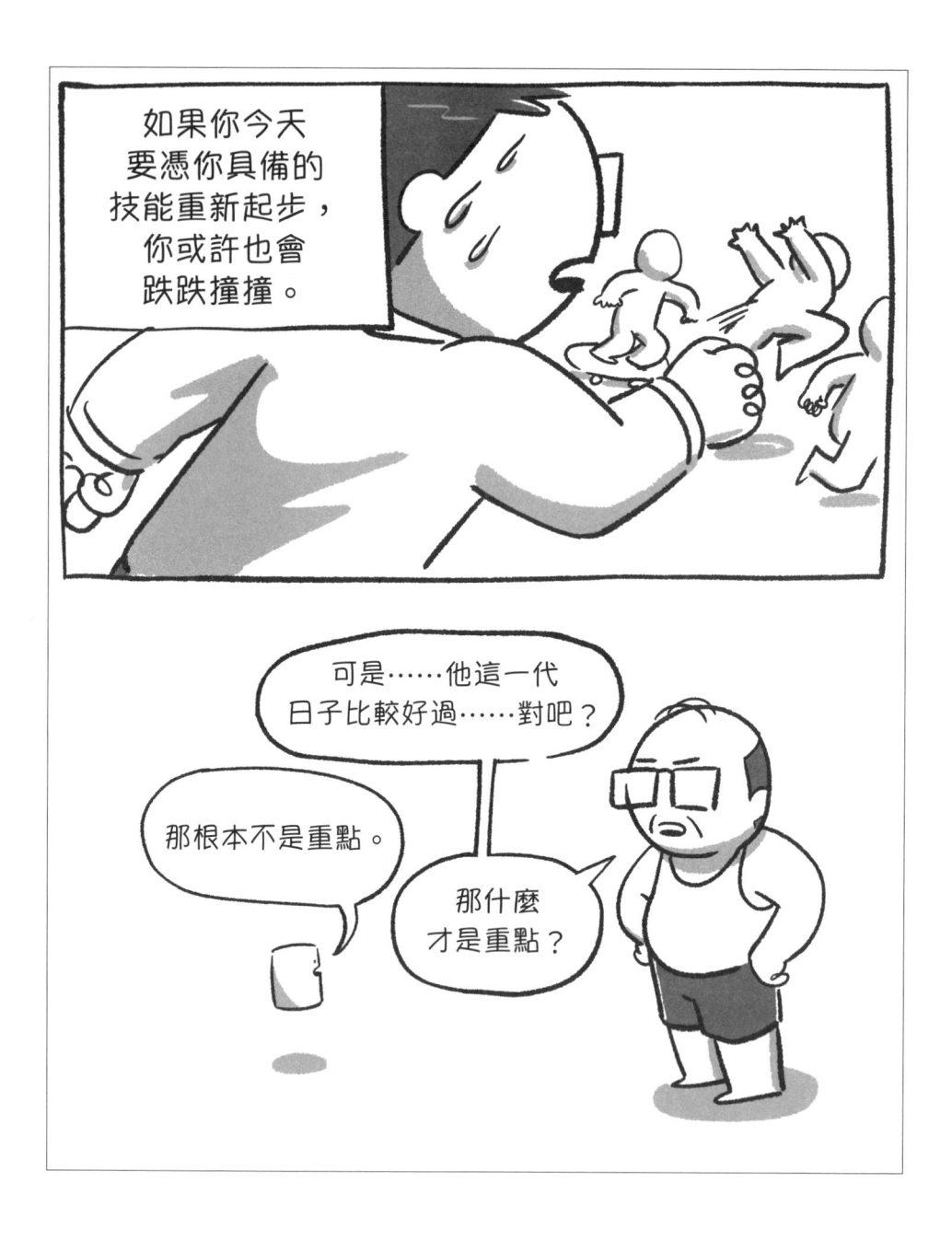

如果你今天要憑你具備的技能重新起步，你或許也會跌跌撞撞。

可是……他這一代日子比較好過……對吧？

那根本不是重點。

那什麼才是重點？

雪上加霜的是,

他**還要**跟自動化與人工智慧賽跑。

科技以狂飆的步調在發展。

在你這個世代,技能的保鮮期較長。
現在已經不再是這樣。

你嘲諷他買不起房子……
可是真相是，薪資的上漲至今已經有一段時間一直沒有跟上居住成本。

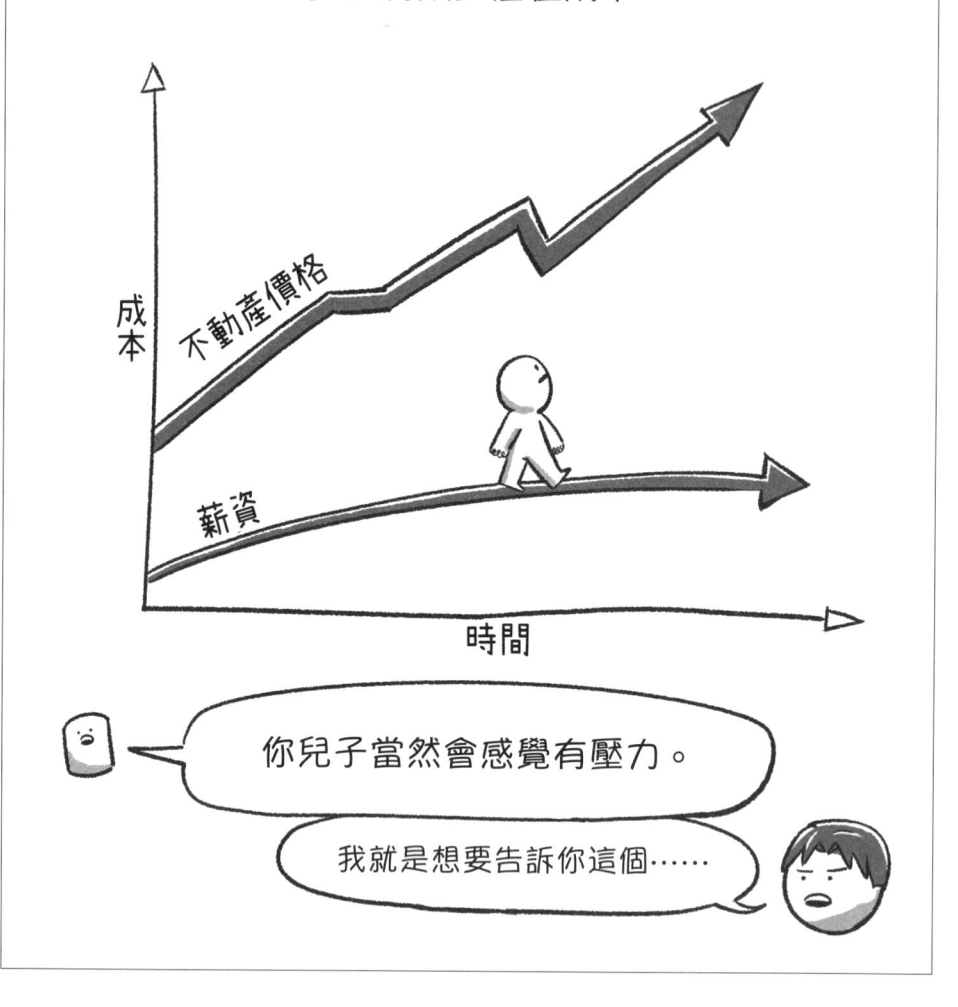

成本／不動產價格／薪資／時間

你兒子當然會感覺有壓力。

我就是想要告訴你這個……

科技確實讓工作和學習變得更容易……
但是也創造很多競爭。

不像你，你兒子不只要與新加坡人競爭。
他要與全世界競爭——
而世界上有一些絕頂聰明的狠角色。

第3章　2020年代的現實世界

最後,你還提到投資股市的事。

由於科技使然,股市投資這件事
是最近才開始變得容易。
這在過去可是困難得不得了。

> 爸,我餓了。

至於進股市抄底?

在你有孩子要養或缺乏這方面的知識時,
不一定容易。真要我說,如果換成你在他的處境,
你可能也一樣。

在另一個平行宇宙，
新加坡完全有可能繁榮發達無門，
淪落到被其他國家併吞的境地。

這就是你的父母留在這裡、
沒有遠走他鄉所承擔的風險。

這麼做，值回票價。

所以，沒錯，你父母的房子比較便宜，
即使從薪資中位數來看也是。

可是，當時沒有人能保證新加坡的土地
會像今天一樣值錢。

第3章　2020年代的現實世界

今天的新加坡舉世聞名。

但是在1980年代，
新加坡根本算不上
什麼有分量的國家。

全世界到處都是戰火。
核戰的風險揮之不去。

沒有人能預料得到我們還能存在個20、30、
甚至是50年。

嘿！你啊——因為你的父母
今天財務狀況穩定，你很容易就以為
他們一切來得很容易……
但是，你有所不知，
他們確實歷經一些非常不確定的時期。

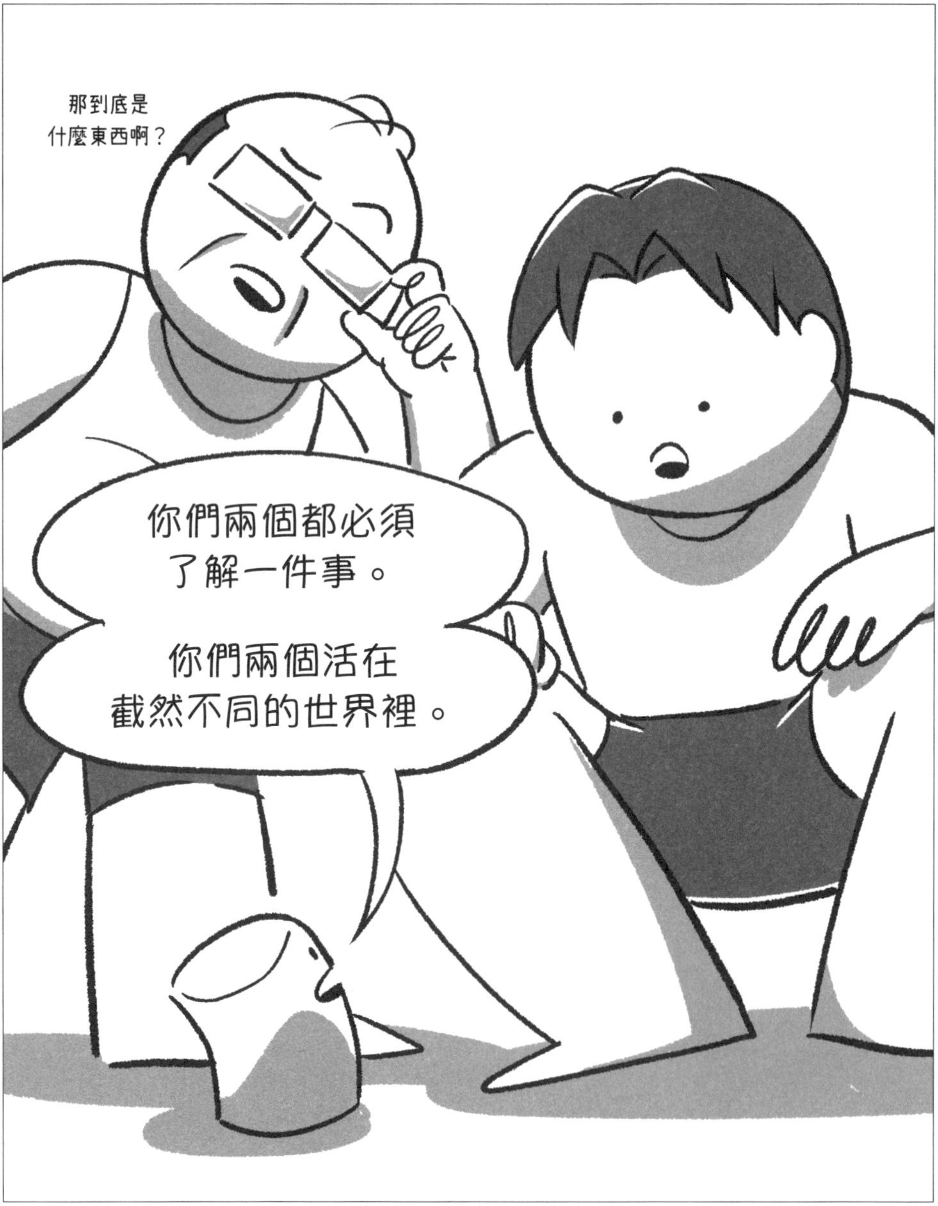
那到底是
什麼東西啊？
你們兩個都必須
了解一件事。
你們兩個活在
截然不同的世界裡。

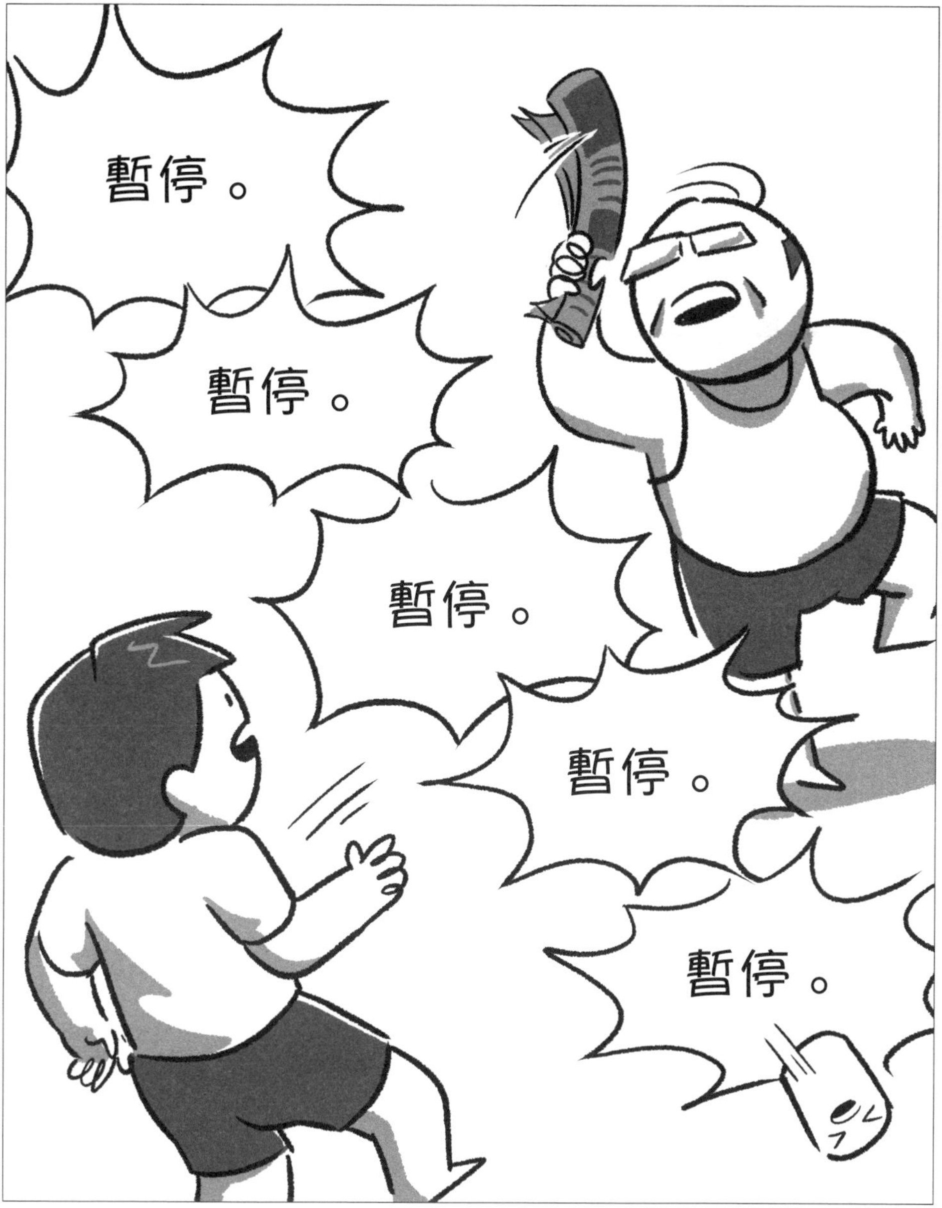
暫停。
暫停。
暫停。
暫停。
暫停。

第3章　　2020年代的現實世界

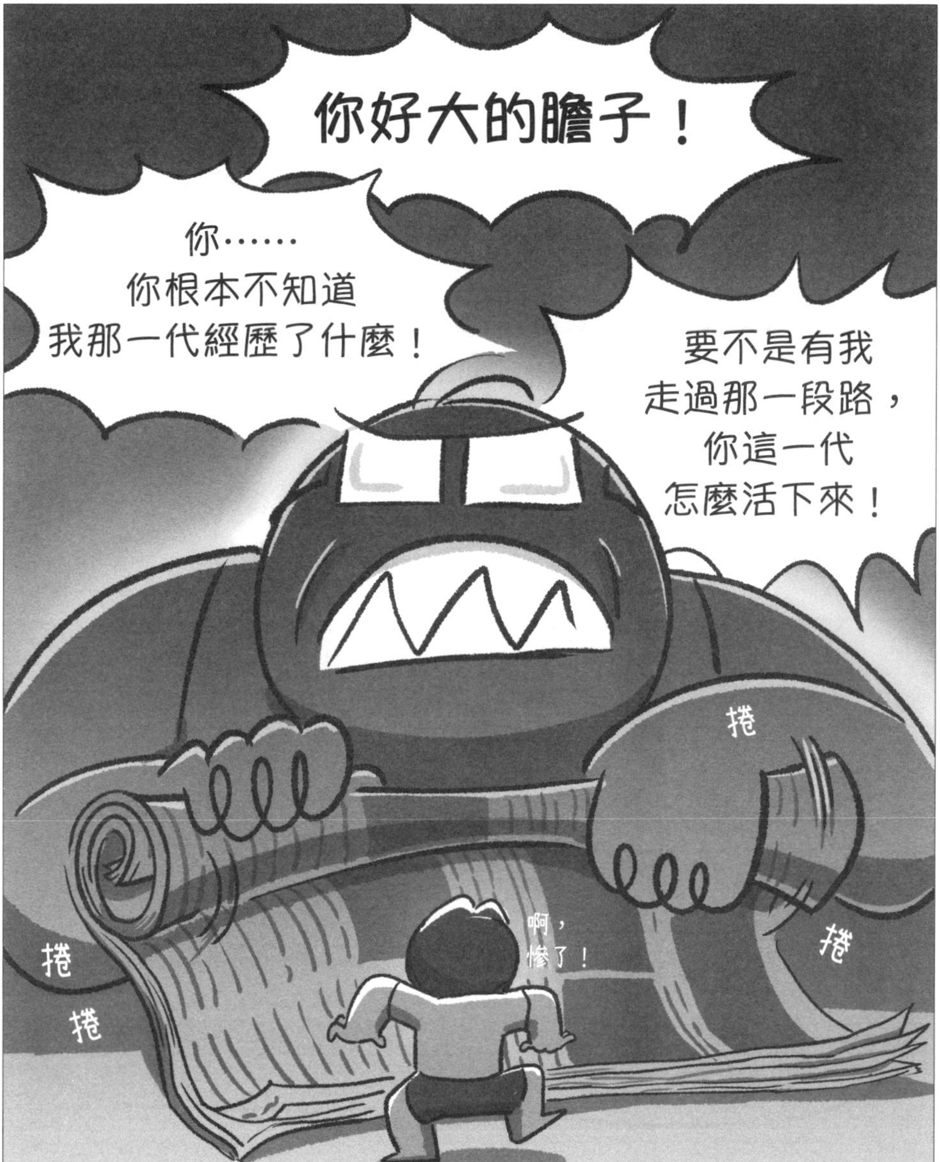
你好大的膽子！
你……
你根本不知道
我那一代經歷了什麼！
要不是有我
走過那一段路，
你這一代
怎麼活下來！
捲
啊，
慘了！
捲
捲
捲

嘿……話不是那樣說……
既然你老是拿我和其他孩子比較，我為什麼不能拿你和其他人比較？
強納生的爸爸比你有錢得多。
你在80年代和90年代都在做什麼，蛤??!!?
顯然是你不夠努力。

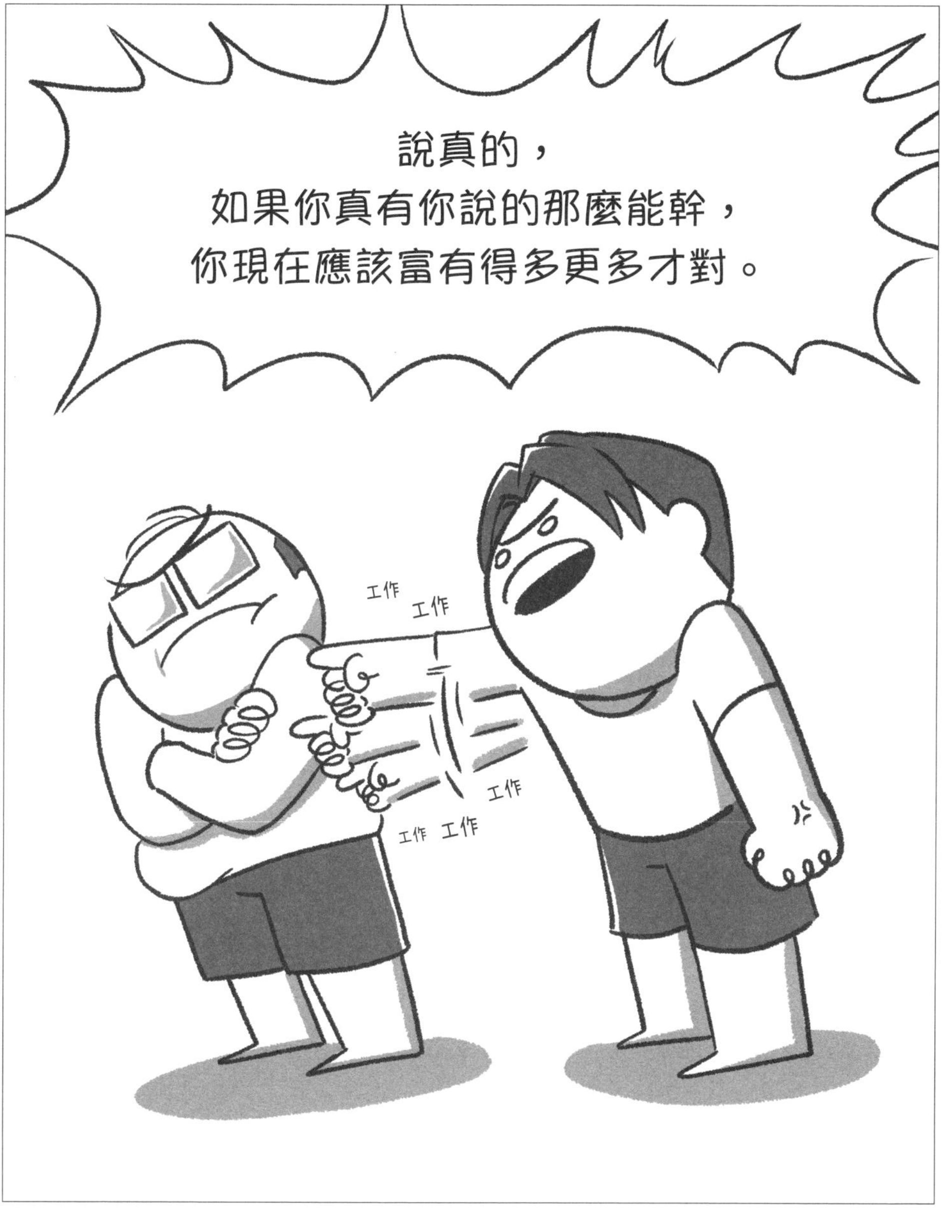
說真的，
如果你真有你說的那麼能幹，
你現在應該富有得多更多才對。
工作
工作
工作
工作
工作

看看你，你當時只是技工，
可是養得起車和兩個小孩。
現在試試看，做不做得到！
好吧……兒子……
可是……
還有，在你那個年代，
股市一年成長9%。9%！
而且你們有那麼多可以
抄底投資的低點。
像是達康泡沫、
金融海嘯……等等。
*以S&P 500自1980～2000年無股息再投資計算。

The Woke Salaryman Crash Course on Capitalism & Money

1980年代時，
新加坡發展迅速。房地產便宜。

父母當中，只需要有一人外出工作
就可以讓全家過得舒舒服服。

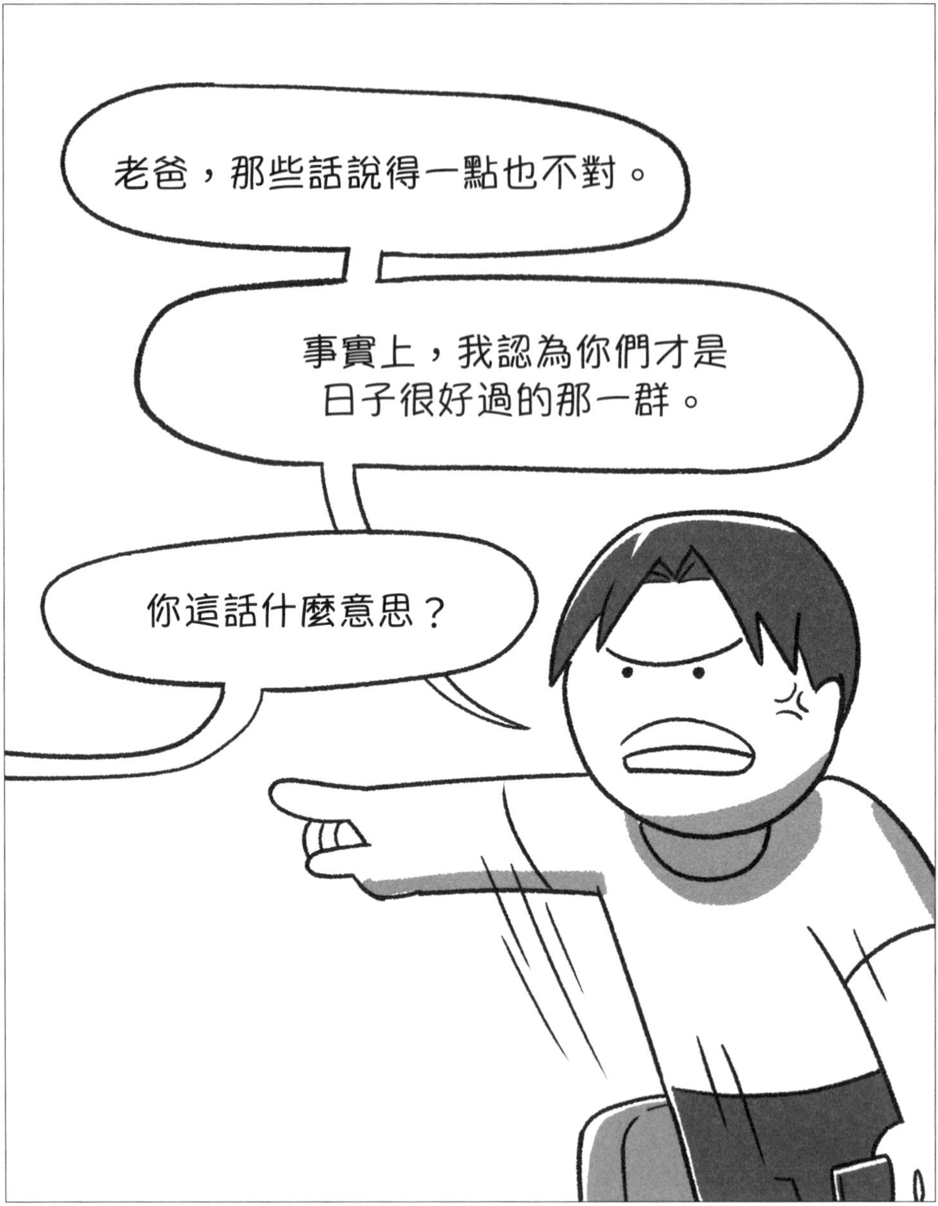
老爸，那些話說得一點也不對。
事實上，我認為你們才是日子很好過的那一群。
你這話什麼意思？

我兒子……已經28歲了。
他還和我們一起住，
而且買不起自己的房子。
沒有女朋友。
事業一事無成。
唉……我實在不知道
他的人生該怎麼辦。
我這是
招誰惹誰了？

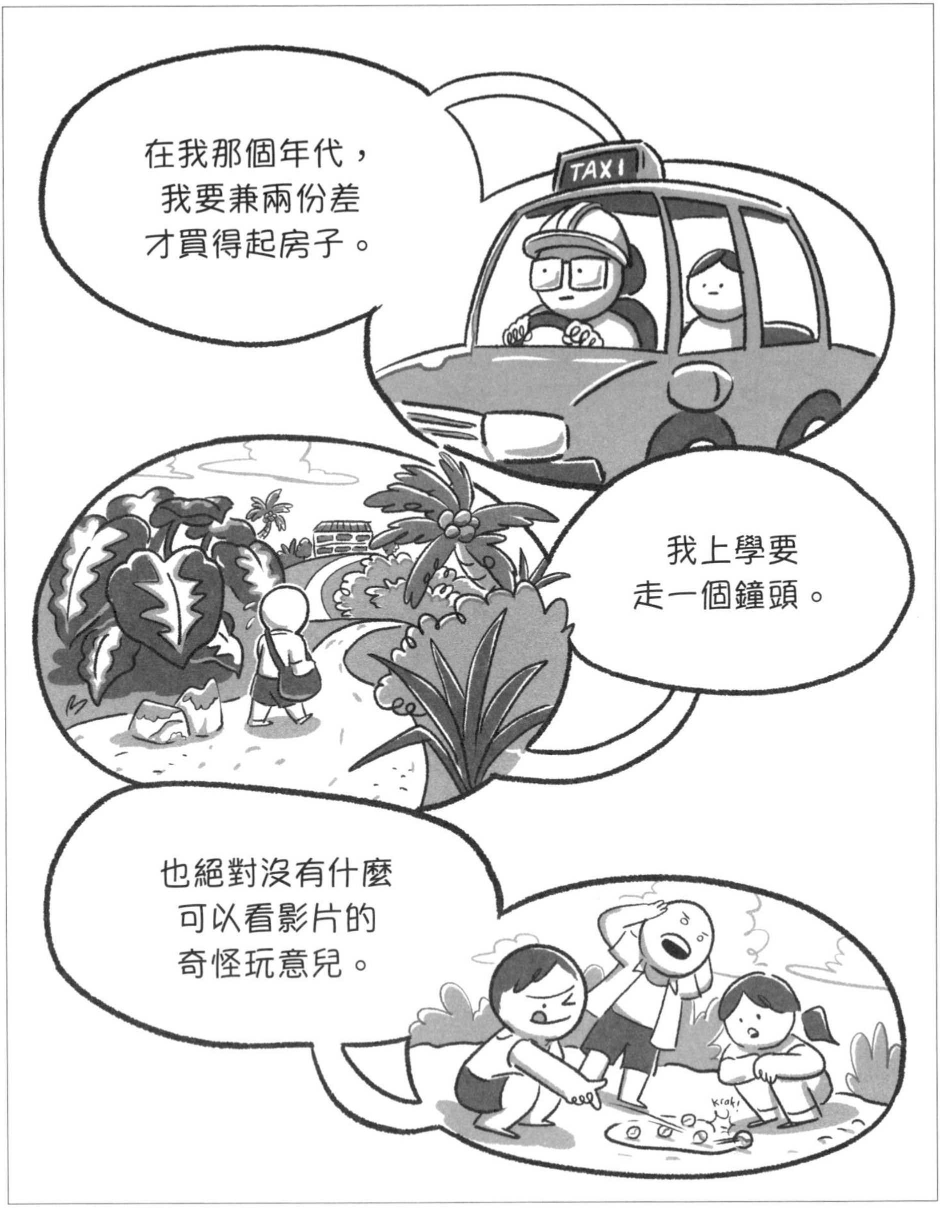
在我那個年代，
我要兼兩份差
才買得起房子。
TAXI
我上學要
走一個鐘頭。
也絕對沒有什麼
可以看影片的
奇怪玩意兒。

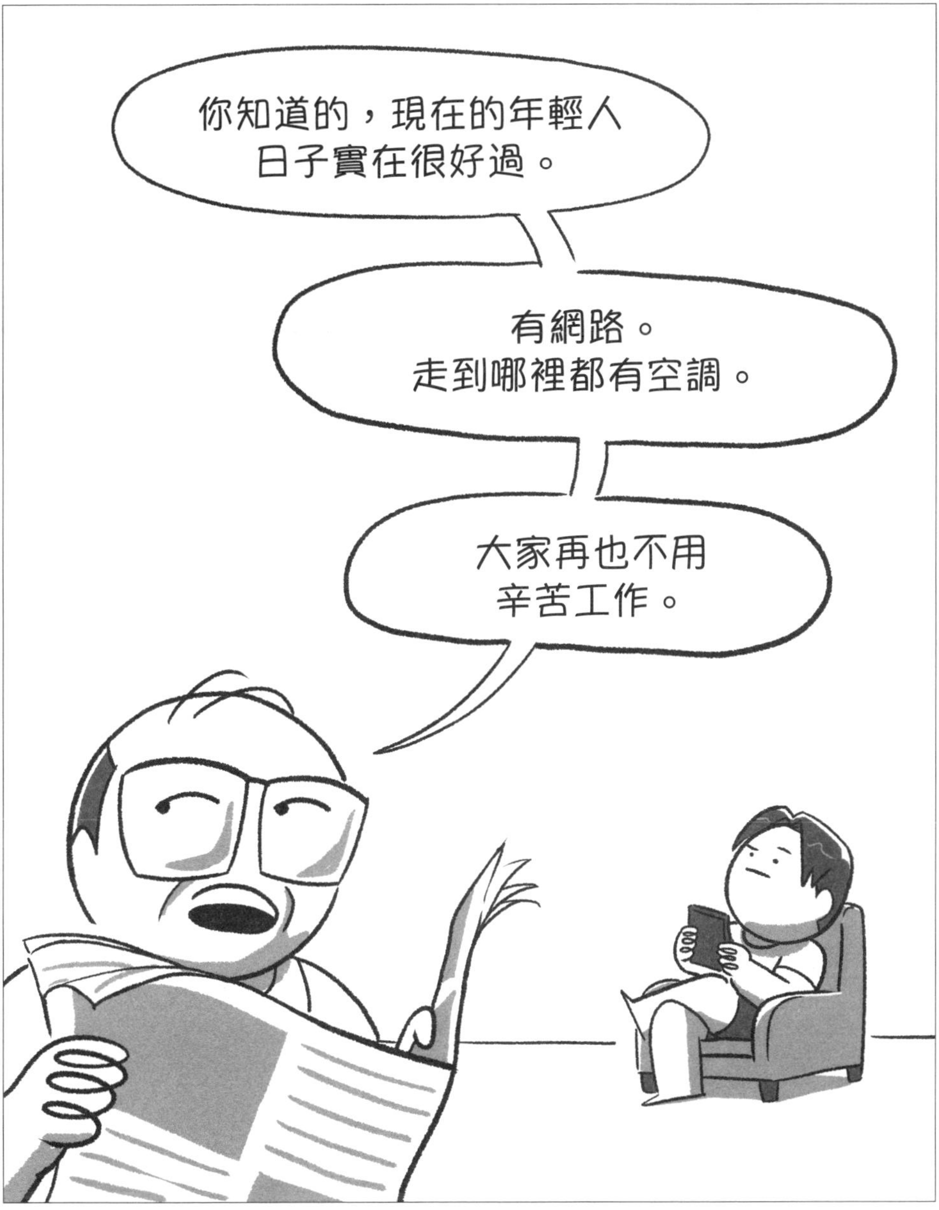
你知道的，現在的年輕人
日子實在很好過。
有網路。
走到哪裡都有空調。
大家再也不用
辛苦工作。

可是我這一代更艱難！

我這一代更艱難

原發表日期：
2022年9月20日

～～～～～

有些嬰兒潮世代的人說，千禧世代軟弱又為所欲為。他們認為，千禧世代儘管有這麼多優勢在手，成就卻乏善可陳。

同樣地，千禧世代可能會認為他們父母那一代的日子很好過，因為同樣的東西以前花更少錢就可以買到。

這個現象是因為兩代人缺少一個相互理解的機會，原因如後。

佳的經濟機會吸引而流入城市。城市裡的競爭因此變得更加激烈。從 1980 年到 2020 年，新加坡的城市人口從 240 萬增加為 540 萬。

全球化也意味著人才、資金和財富的跨國界流動，導致人口眾多城市的競爭進一步白熱化。新加坡大約有 43% 的人口是移民。相較之下，倫敦和舊金山是 37%，紐約是 29%。

科技也大幅改造產業。自動化、數位化和人工智慧徹底改變工作的性質，造成某些行業的工作被取代。

高等教育失去神聖光環。在許多先進經濟體的就業市場，大學院校學位一度擁有鮮明優勢，現在的保障力道已經遠不如從前。

如果不理解這些變化以及其背後的原因，很容易滿懷怨怼。

無論你是譴責年輕世代「軟弱」的年長者，或是還在努力用昨天的祕笈追求成功的年輕人，這都是事實。

我們的建議：每個世代都有自己的經濟挑戰。重要的是理解我們如何走到這裡，這樣才能知道如何因應。

以下這一章要破解的是千禧世代與 Z 世代所面臨一些最棘手的爭議問題。

1980 年時，我父母用大約 80,000 新幣買下公宅。當時新加坡的薪資中位數大約是 2,200 新幣。

今天，同樣的公屋價格超過 600,000 新幣，是當年的七倍多。現在的薪資中位數大約是 5,000 新幣，比當年的兩倍多一點。薪資的成長就是跟不上不動產價格。

今天在全球的先進經濟體都可以觀察到類似的模式。

從紐約、台北到柏林、倫敦、墨爾本和香港，大城市的年輕人愈來愈覺得，要在自己成長的地方買間房子是非常困難的事，雖然買房挑戰的強度有所差異。

你或許會忍不住問道：我們是哪裡出了錯？不過，更貼切的問題其實是「什麼事情變了？」

情況還真的變得不一樣了。

就拿以下這些變化來說：

人的壽命變長。已發展世界的預期壽命增加，這表示住房、工作機會和資源的競爭也變得更激烈。從 1980 年到 2020 年，新加坡的預期壽命從 72 歲增加到 83 歲。

熱門的地方變得更加熱門。鄉村居民減少，人口因為受到較

第 3 章
2020 年代的現實世界

從 1950 年代到 1980 年代，美國郊區夢正蓬勃飛揚。

中產階級的經濟能力供得起住在有著白色圍籬的獨棟大洋房、養兩個小孩的生活。或許還養一或兩輛車。薪資穩定增長，生活一年比一年好。

未來世代會痛苦地發現，除了身家富貴的少數人，這個夢逐漸變得愈來愈遙不可及。

許多工作的薪資到 1970 年代就處於停滯。社會流動性降低。隨著所得不均的擴大，廣大的中產階級也在銷蝕。

雖然勞工階級辛苦度日，金字塔頂端的富裕階級卻能夠給子女成功的機會，形成財富集中與不均擴大的惡性循環。

新加坡的情況稍微不同。我們從後獨立時期的 1965 年到 2000 年代初期歷經榮景。由於新加坡土地稀少，中產階級的夢想是買公寓，而不是獨棟大洋房。

第 3 章

2020 年代的
現實世界

THE REALITIES OF THE 2020s

一切取決於框架。

——無名氏

我們的主張是什麼？

在與某些公司打交道時，
你必須能夠像一家公司一樣思考。

保持清醒，社畜。

棉花糖公司

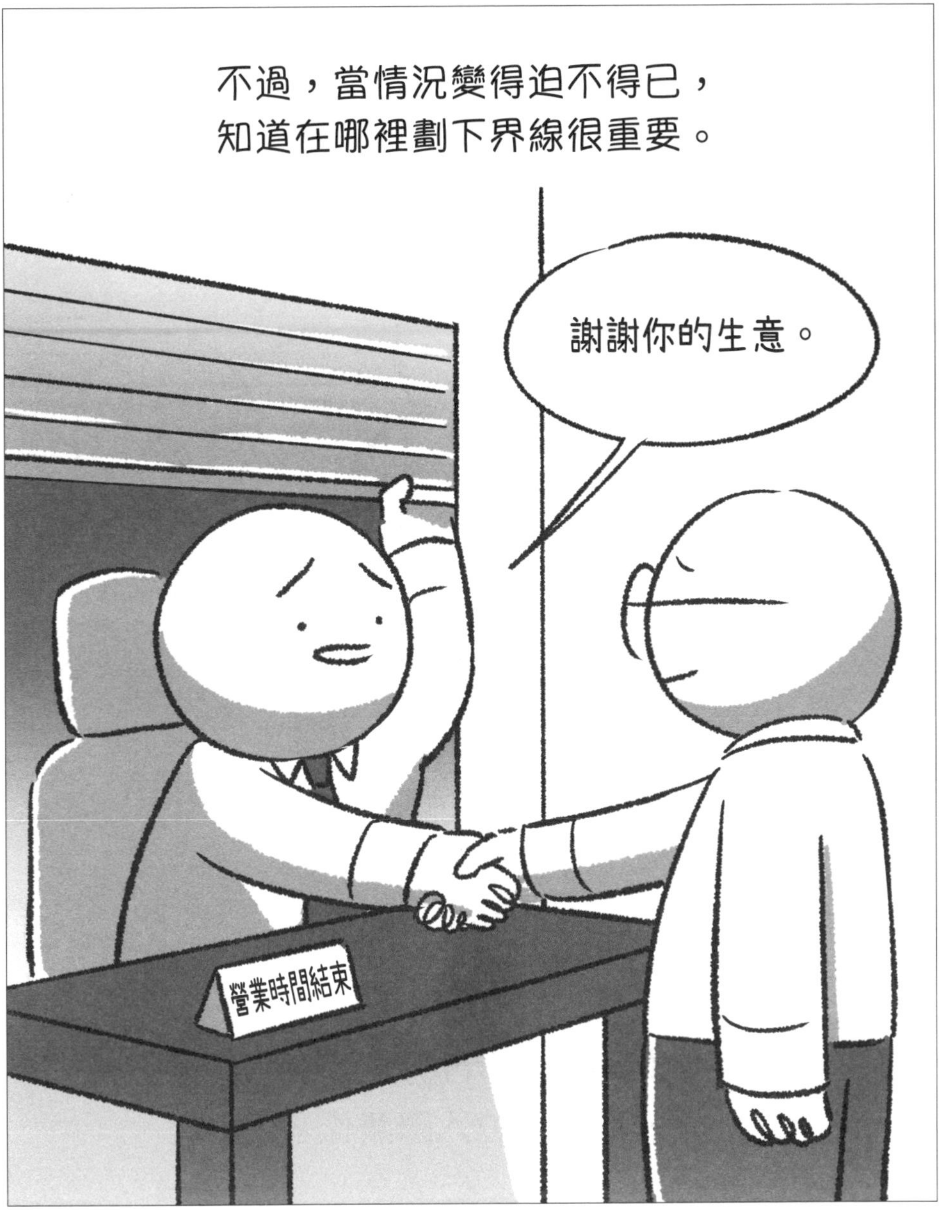
不過，當情況變得迫不得已，
知道在哪裡劃下界線很重要。
謝謝你的生意。
營業時間結束

我們當然同意，
像一家公司一樣思考
不是你看待職場唯一的方式。

很多人確實在職場培養出
非交易式的人際關係。

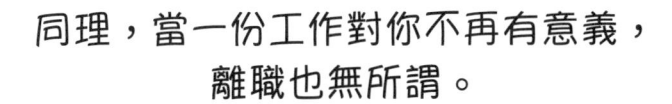

同理，當一份工作對你不再有意義，
離職也無所謂。

即使你的老闆說公司不讓你走，
不必在意。

即使有人說你讓同事失望，
不必在意。

該離開的時候就離開。

我們眼前就有一個活生生的例子：
最近的科技業裁員潮。

公司

獲利慘澹的公司大規模裁員。

結束往來

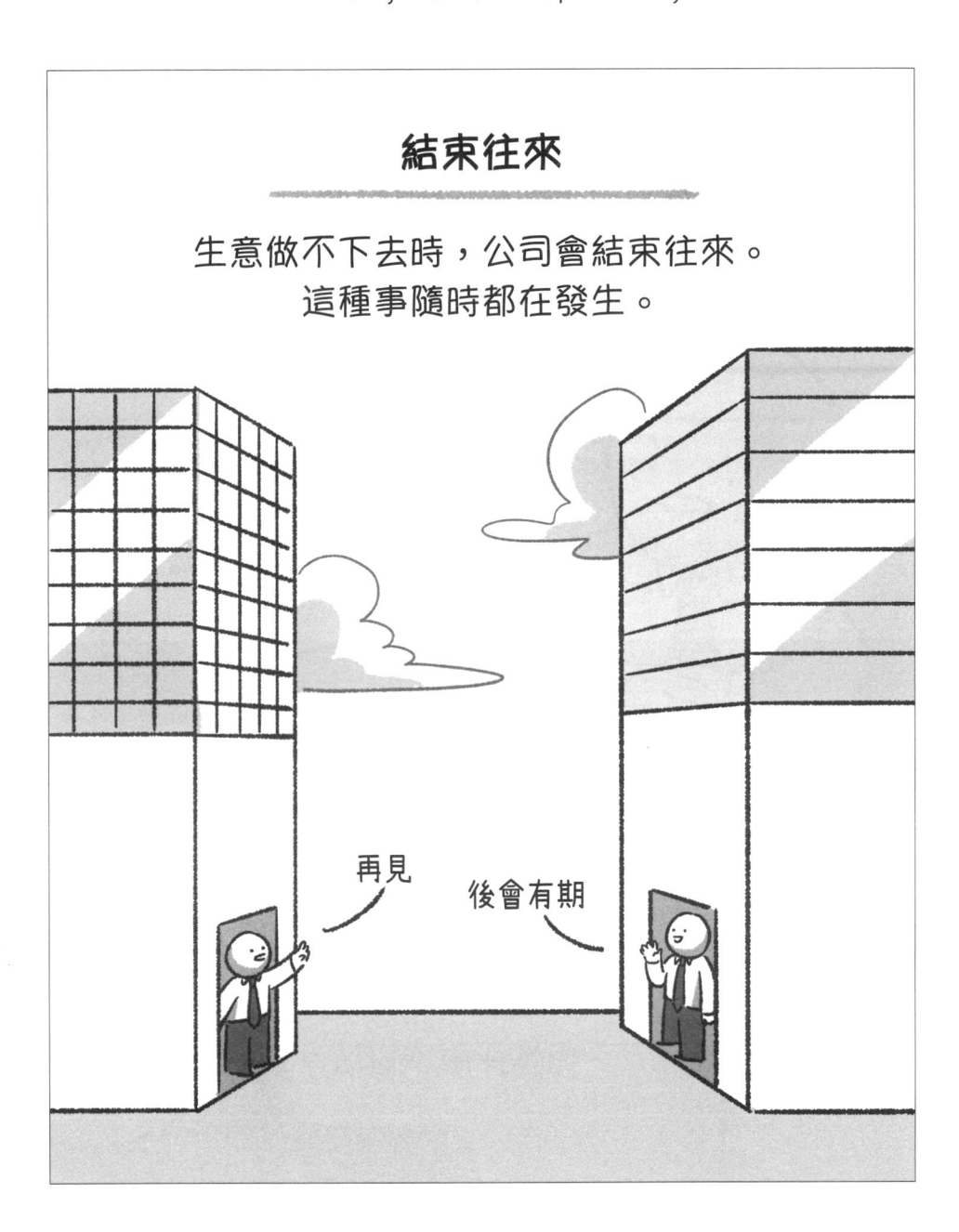

生意做不下去時,公司會結束往來。
這種事隨時都在發生。

再見

後會有期

你或許不能隨心所欲提高你的薪資。
不過你可以和公司談加薪。
根據我提供的服務，我希望討論一下提高月付費用的事。
本人公司
公司
公司自己都這麼做。
你為什麼不可以？

提高價格

公司漲價不是什麼新鮮事。
他們甚至徵詢許可都沒有。

他們就這樣提高價格,
然後看看顧客有何反應。

如果太貴,他們再降價。

增加業務

公司在一家客戶不賺錢，
會去找更多客戶。

以你的立場來說，
你或許要考慮兼差，
賺外快來補你的收入。

當然，這不一定可行。
因此，我們就要換下一個辦法⋯⋯

以下是他們會做的三件事。

1. 增加業務。
2. 提高價格。
3. 結束往來。

我們來逐條檢視一下。

那麼,
當一家公司從客戶賺的錢不夠多時,
他們會怎麼做?

因此你是服務提供者。
你是一家公司，一家賣服務的公司！

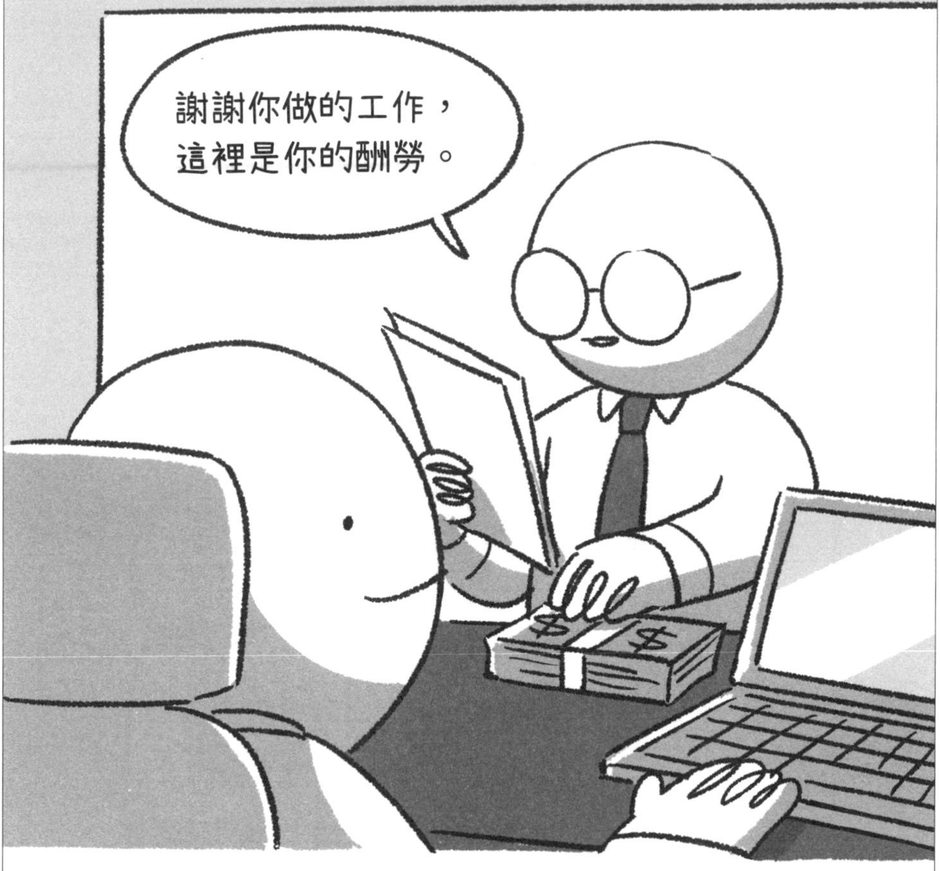

你的薪水？
那是公司要得到你服務的訂購月費。

這個嘛，你或許把自己看成是
在一家公司上班的員工。
但是，如果深入地想，
你其實是按月向公司出售你的服務。
本人公司
我已經完成指派
給我的職責。
老闆

我們建議你這麼做：

把自己當成一家公司來思考。

為什麼？

可是，你不想離開。

為什麼？
因為你覺得這是拋棄你在工作上建立的關係。

你感覺你在背叛公司。

團隊合作
夢想成真

The Woke Salaryman Crash Course on Capitalism & Money

情境：

你在一家公司上班。
過去五年，你為公司全力付出。

但是你不覺得受到肯定。
你感覺你的薪資被虧待。

其實，不，你確定你的薪資被虧待。

你為什麼（有時候）應該把自己當成一家公司來思考

你為什麼應該把自己當成一家公司來思考

原發表日期：
2032年1月27日

～～～～～

人們將睡覺以外的時間，大多花在公司工作上。

然而，我們很多人仍然緊抱著錯誤的企業忠誠觀念，而這可能會構成提升所得能力的重大障礙。

沒錯，這些問題沒有一件容易解決，可是這些問題的機會成本長期累積下來會非常可觀。

我們的想法？這些問題，不管要花多久時間都要去解決。

如果是缺乏自信，讓你身邊都是相信你的人。

如果是缺少人脈，你可以走出去，結識他人。

如果是錢的問題，你可以慢慢累積你跳槽的實力。

切記，你可以改變。你可以移動。你可以學習。

你不是一棵樹。

保持清醒，社畜。

10. 知道自己的價值，為異動做好準備

一個人到其他地方能夠領 10,000 新幣，卻窩在只領 4,000 新幣的地方做事，這種事情完全有可能。

如果你低估自己的價值，或是明知道這點卻不肯離開，尤其會出現這種情況。

你怎麼會落到這個處境？有些常見的現象如下：

- 自信低落（可能是受到操縱的結果）
- 對公司錯誤的忠誠
- 因為害怕未知而拒絕離開舒適環境（例如，因為經濟負擔過重）
- 技能有需求，但是待在一個付不出高薪的產業

說到在工作場所公開表達意見，新加坡的人通常表現羞怯而含蓄，因此一個能言善道又有自信的人會比較吃香。（參閱前文：做別人做不到的事）

學習如何傳達你的想法以及如何說服客戶，能立即提高你的身價。

這一條定理，你就算不相信我們，總可以聽聽巴菲特怎麼說——他認為這項優勢能讓你的身價增加 50%。

延伸閱讀：你為什麼必須行銷你自己。

9. 加入利潤中心

絕大多數公司都會努力壓低成本、提高利潤。

這表示公司裡有成本中心和利潤中心。

通常這也會反映在員工薪資上。對公司獲利有直接貢獻的員工，比較有機會領到較高的薪資。

常見的成本中心包括：會計部門、人力資源部門和維修部門。

至於利潤中心嘛……最明顯的就是銷售部門。

（請注意，一項職務在一家公司是成本中心，在另一家公司有可能是利潤中心）

夠。不過,對於任何想要成為領導者的人來說,我們認為培養下列技巧／特質是很好的起點。

- 可靠
- 溝通與同理心
- 從大局思考
- 自我覺察
- 說服力

8. 良好的寫作和演說能力

一棵樹在森林裡倒下,可是沒有人聽到,這樣也算有發出聲音嗎?

同理,你有絕佳的構想或執行力,可是無法表達,你真的期待別人會讀懂你的心嗎?

7. 領導別人，學習如何統籌人力

據稱伊隆・馬斯克（Elon Musk）曾說：「你領多少薪水與你所解決問題的難度有直接比例關係。」

這個嘛，你交涉（而且負責）的人愈多，你所能解決的問題就愈大。

當然，前提是你要磨練你的管理和領導能力，而這些不一定是與生俱來。

因此，有一大堆掛「主管」頭銜的人其實領導力薄弱、甚或沒有，因而停滯在公司的最底層。（延伸閱讀：彼得原理〔Peter's principle〕）

領導力這個主題無法用一個段落講完，甚至連一篇文章也不

比方說：

- F&B 員工在耶誕節或新年假期上班的工錢較多。
- 許多廣告商遇到客戶臨時提出的交件需求會收取急件費。
- 軍隊會給擔任職務危險的人所謂的「風險」加給或「危難」加給。

這些工作沒有一件愉快，但是能幫你賺更多錢。

- 理解你的技能根據市場行情能要求多少價碼（面談通常就是為了評估這一點）。
- 知道如何堅持立場，爭取與你的價值相稱的條件。
- 對話要為未來的談判留餘地。
- 面對惡劣的雇用條件，鍛練放棄的能力。
- 體認到你什麼情況有談判的籌碼，什麼情況沒有。

話雖如此，即使是一流的談判高手，沒有實力也談不到好條件。講到這個，我們就要談到⋯⋯

6. 讓自己無可取代

做別人做不到的工作。門檻愈低的工作，薪資愈低。需要特殊知識、技能和／或才能的工作，薪情通常較好。

這就是為什麼發傳單的工資比開航空客機少。又或者為什麼基本資料輸入工作的薪水比成功架構一樁合規購併案少。

做別人不願意做的工作。如果從事前述工作對你有難度，那麼另一個選擇是從事傳統上不愉快或是風險較高的工作。

壞處呢？如果你沒有業績，就會受到懲罰。

5. 談判、談判、再談判

大部分人（包括你）都把自己的利益擺在第一位。講到薪資也是一樣。

你想要爭取最高的薪資。你的雇主想要給你一個他們付得起的薪資。有些客戶會想要付給你愈少愈好。

不談判，你得到的可能是偏向對方有利的薪資條件。

你要怎麼談到更好的條件？以下是一些起手式：

4. 承擔資金風險,放棄安穩生活

如果你在公司上班當員工,你的資金風險是零。無論公司是不是賺錢,你每個月都會領到薪水。這是一種安穩的生活。

如果你是企業主,你要承擔相當高的風險。如果公司沒賺錢,你還是必須付租金、薪水、帳單和諸如此類的開銷。

不過,如果公司真的賺錢,在這種情況下,企業主會得到較大塊的利潤大餅。員工還是領平常的那份薪水。

這個例子告訴我們,承擔**愈多風險**,有可能可以**賺更多錢**。

一個經典的例子:許多抽成計酬的銷售工作,你如果做得好,可以讓你賺得盆滿缽滿;所得沒有上限。

3. 跳過中間人

如果你在一家公司上班,你的老闆賺的是在你的勞力之外的加成,也就是所謂的「邊際利潤」。

比方說,你賺 4,000 新幣,你的老闆向客戶收 10,000 新幣,那麼老闆拿走的部分是 6,000 新幣。

其實,他們就是你和願意為你的技能付錢的人之間的中間人。

如果你可以自己當中間人,那多出來的 6,000 新幣就會進到你的口袋。話雖如此,若是佯稱中間人沒有任何價值,未免不夠誠實。找生意需要金錢、時間、能力和人脈,執行專案也需要人力。

跳過中間人最簡單的辦法是什麼?可以試著做自由工作者或自營者。

無涉。說到底,這和人們願意為你的技能付多少錢有關。

如果你想要提高你的所得,確實有些產業的薪資水準比較高(至於是哪些產業,情況一直在變動,不過目前最炙手可熱的領域包括資通與科技。)

話雖如此,轉換產業可能意味著要放棄你的愛好、工作生活平衡、利益、目標和文化,或是花時間學習新技能。你也可能天生缺乏從事該項工作所需要的性向。

這就是為什麼我們不建議你以金錢為唯一的考量,趕搭「現在什麼最熱門」列車。

理論上，這麼做有道理。如果你 1 個小時賺 40 新幣，一個月工作 200 個小時就會比工作 100 個小時賺更多（分別是 8,000 與 4,000 新幣）。

在現實世界，這種做法不適用於許多受薪員工，因為他們是按月敘薪。

這是第一個、也是最重要的課題：光是勤奮工作不足以增加你的所得。勤奮努力當然有幫助，但是別指望它能保證什麼。

了解這一點，能讓你把心力用在更好的地方。

2. 轉換跑道，進入報酬更優渥的產業

有些產業賺的就是比其他產業多。

這是一個讓人不舒服的事實：你賺多少錢取決於以下各項因素──

- 供給與需求
- 雇主是誰
- 你的影響力

這表示我們的職業選擇會直接影響我們的所得。一個初出茅廬的會計師，月薪不太可能有 10,000 新幣，但是一個基層軟體工程師，就比較可能有這樣的薪資水準。

這和一個人工作是不是努力沒有關係。誰的道德高尚也與此

以下這個事實就讓人感到慚愧：二十幾、三十幾歲時的所得遠遠超過薪資中位數（4,680 新幣）的人，確實所在多有。

在 30 歲之前，所得達到 10,000-15,000 新幣的人，也不是前所未聞。

因此，如果你想要增加你的所得，無論你現在是什麼處境，以下都可以做為你思考的起點（有些有部分重疊）。

1. 工作更多或更勤奮

講到增加淨所得，最容易實行的辦法就是增加工作時數。這是最直觀的做法，卻也是我們最不喜歡的方法。

增加所得的十個定理

現在的你,應該已經看過像這樣的迷因:

要在 30 歲之前躋身超高所得階級,你必須:

- 清晨四點起床沖冷水澡
- 吸收關於投資和資產類別的知識
- 學習向上管理
- 有當公司老闆的百萬富翁父母

對那些明明含著金湯匙出生卻假裝自己白手起家的人開嘲諷,能夠引起我們的共鳴和理解。

話是這麼說,我們也要承認,不是所有高所得的人都是接掌家族企業的寵兒,這一點也很重要。

增加所得的十個定理

原發表日期：
2022年9月12日

～～～

你所從事的工作，通常會左右你的所得能力。

為什麼有些工作賺得多或賺得少，你要理解並接受其中的原因，這很重要。

這也有助於你在知情下，對工作抱持合理的期望。

記住，你的最佳投資標的
就是你自己。

保持清醒，社畜。

最後，**深廣通達的人脈**
能為你的**軟技能**和**硬技能**牽線，
找到願意為它們付錢的人。

不要忽略這一點！

軟技能是能夠（通常是大幅）提升你的指揮管轄範疇的非技術能力。

比方說：

- 溝通傳達
- 團隊合作
- 解決問題
- 時間管理
- 批判性思考
- 同理心

硬技能通常是你所在行業專有的技術能力。

比方說：

- 精通軟體和編寫程式的能力
- 外語能力
- SEO行銷
- 其他專業證照

3) 精進你的所得能力。

深廣通達的人脈和炙手可熱的軟技能＋硬技能，這些是無可取代的資產。

我們來詳細檢視所有這三項能力，還有它們如何交互作用：

2) 及早對投資抱持務實的期待。

別誤會。投資還是很重要。
只是要切記，在$0-$100,000（甚至是$1,000,000）
這個階段，它不是創造財富的主力。

一點一滴都重要！

知道這些之後，你應該怎麼做？

1) 放棄把投資當成致富的捷徑。

想靠投資快速致富的人通常會承擔太多風險，造成財務重挫。

如果你持之以恆，
只要時間夠長，
你的投資一定會讓你富有。

一旦你提高你的所得，
你就會有更多資金，
你的投資報酬也會跟著水漲船高。

如何增加你的資金？
精進你的所得能力。

與其關注如何選股，
不如考慮學習炙手可熱的技能、協商加薪
或是兼差。

薪資協商
＋
開始兼差
＋
換一份
薪資更好的工作

年所得$4K
年所得$4K
年所得$12K

VS

投資報酬

$700

資金少，報酬也少。

我們大部分人的人生都不會
一開始就有$1,000,000的資金，
因此把心力用於增加你的**資金**，
才是最明智的做法。

投資一開始
沒辦法讓你賺很多錢。

我們以$10,000為例來說明。

呃

$10K

$700

(根據非常務實的年報酬率7%計算,
你會賺到這麼多。)

我得到的第二個啟示是：

很多人幾乎把投資當成
「個人理財」或「財富」的同義詞。

他們想要成為全職投資人，
但是這條路經常走不通。

為什麼？

舉世聞名的投資人
華倫・巴菲特 (Warren Buffett)，
從1965到2021年間每年的報酬率只有20%。

至於投資業界的專業人士，
如果在長期能實現超過10%的年報酬，
就會被認為是「稱職」的投資人。

至於不是全職從事投資的一般人，
5-8%是一個比較務實的數字。

*不過，請切記，所有投資都有風險！你不會每年都賺錢。你也可能會賠到一毛不剩。

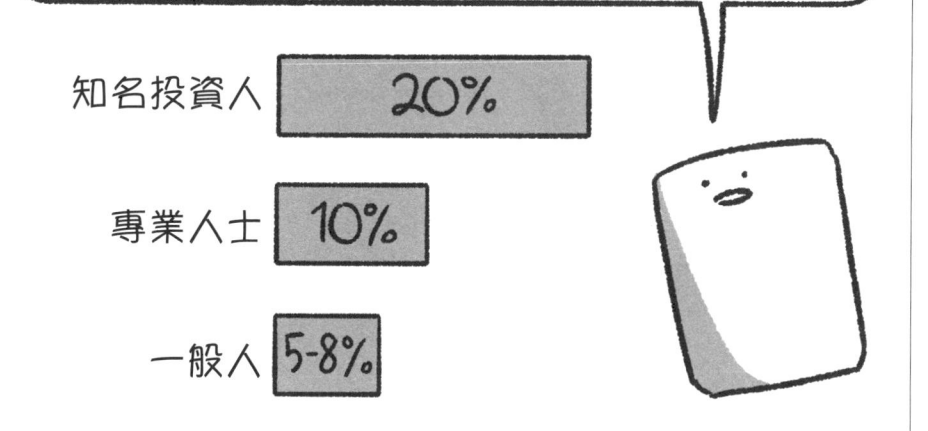

知名投資人　20%

專業人士　10%

一般人　5-8%

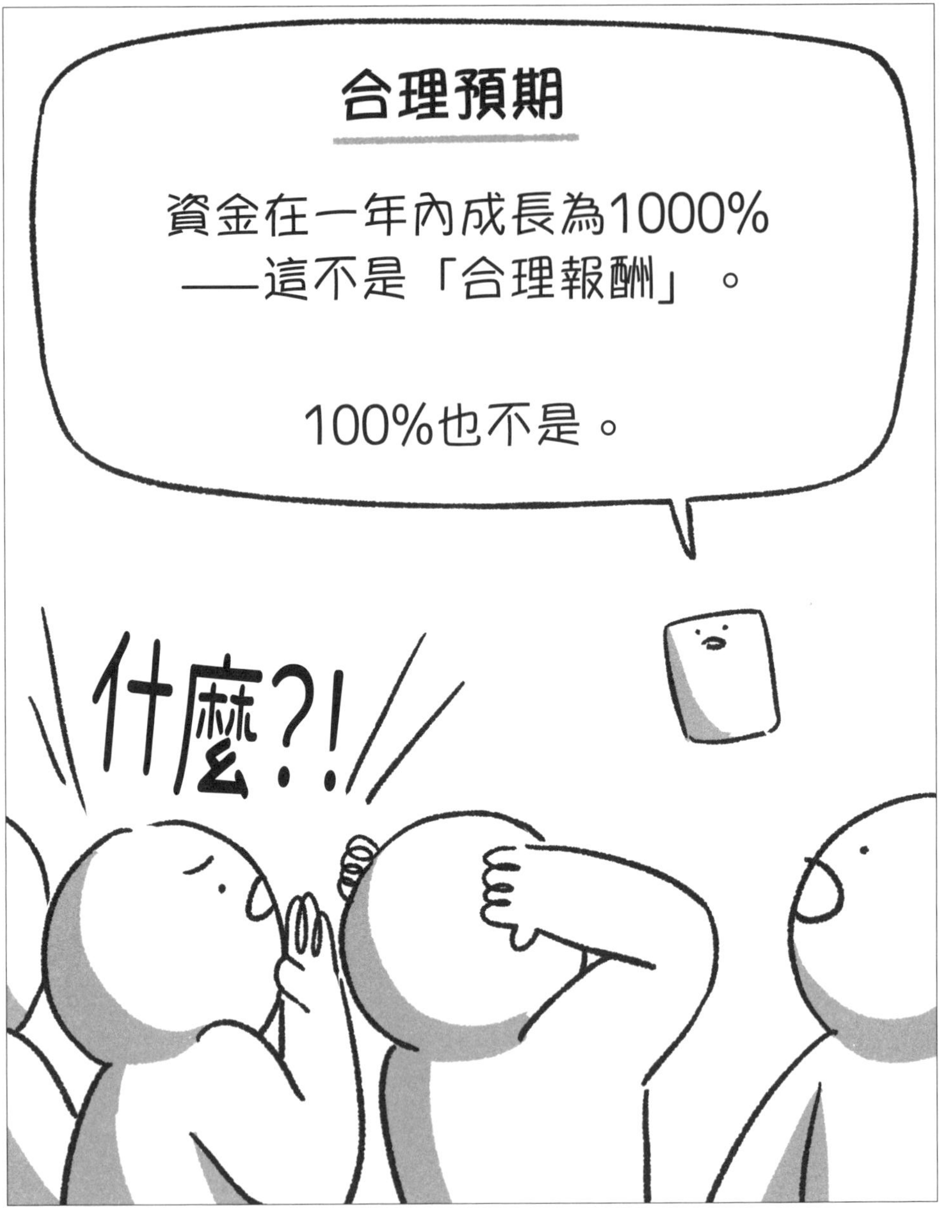
合理預期
資金在一年內成長為1000%
——這不是「合理報酬」。
100%也不是。
什麼?!

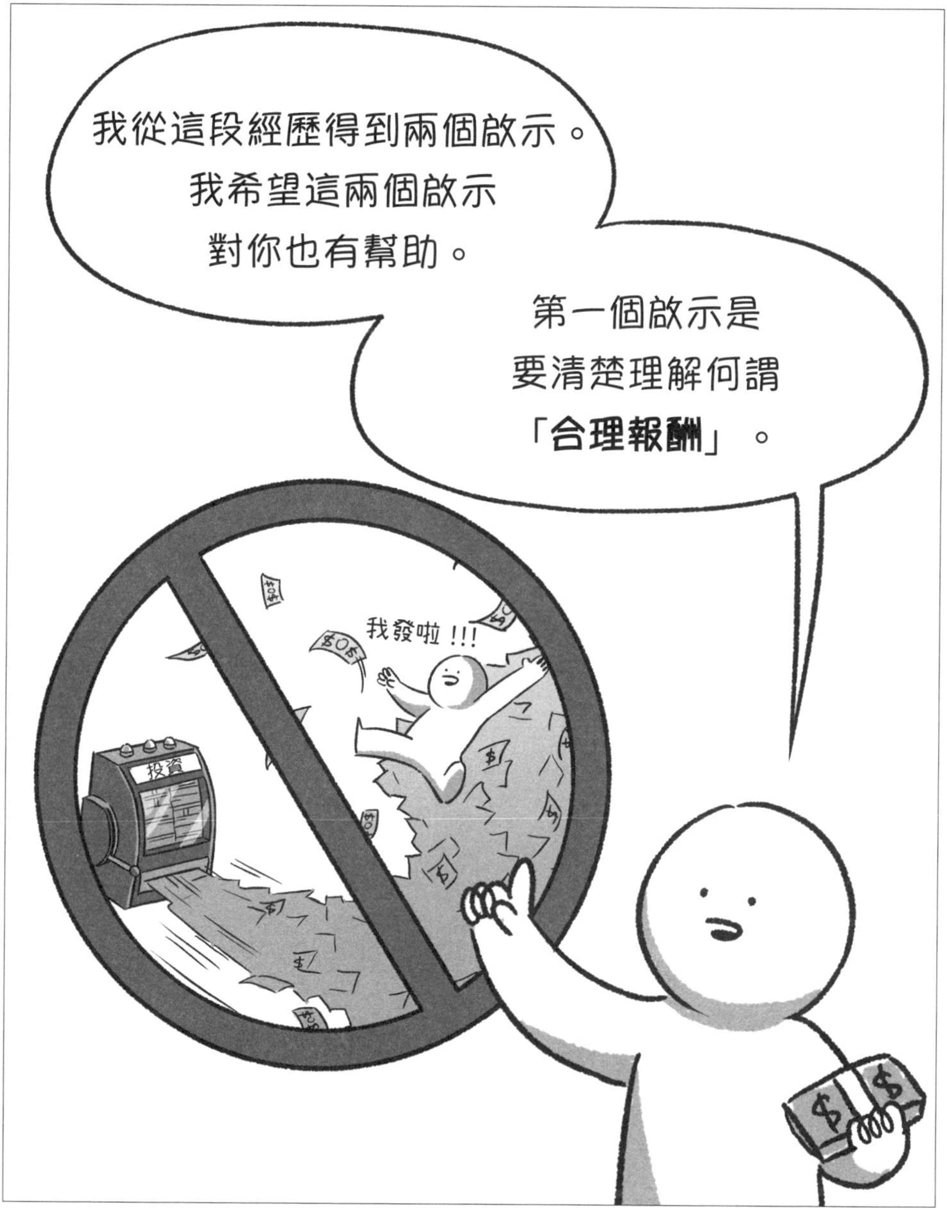
我從這段經歷得到兩個啟示。
我希望這兩個啟示
對你也有幫助。
第一個啟示是
要清楚理解何謂
「**合理報酬**」。
投資
我發啦 !!!

在我投資股市一整年之後，
錢只增加$1,200。

事實

投資

就這樣?!

撲通

那是12%，和10倍（也就是1000%）
相差十萬八千里。

那種事沒發生過。

我確實存到我的$10,000。
不過,當我努力投資、
想要把它變成$100,000,結果讓我非常失望。

> 不知道我能賺到多少……!

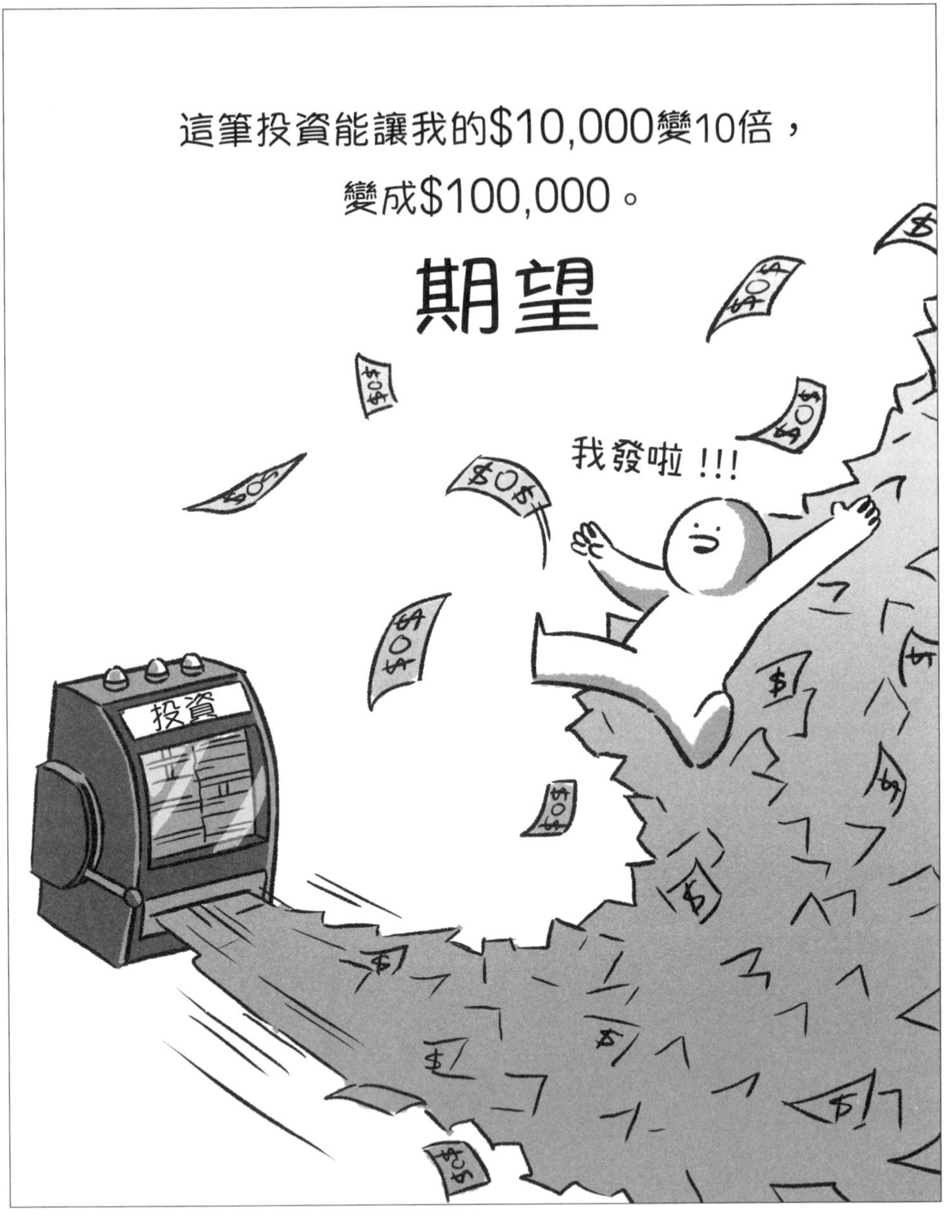
這筆投資能讓我的$10,000變10倍，
變成$100,000。
期望
我發啦!!!
投資

The Woke Salaryman Crash Course on Capitalism & Money

很久以前,我以為我會這樣賺到我的第一個$100,000。

首先,我會花好幾年存到$10,000。然後做一筆報酬率非常高的投資。

年輕人為什麼
不應該只想著投資。

年輕人為什麼不應該只想著投資。

原發表日期：
2022年10月21日

～～～

很多年輕人深信，自己能夠靠投資累積財富。

我們認為這是把信念放錯了地方；

以大部分的年輕人來說，他們所能做最明智的一件事就是投資自己。

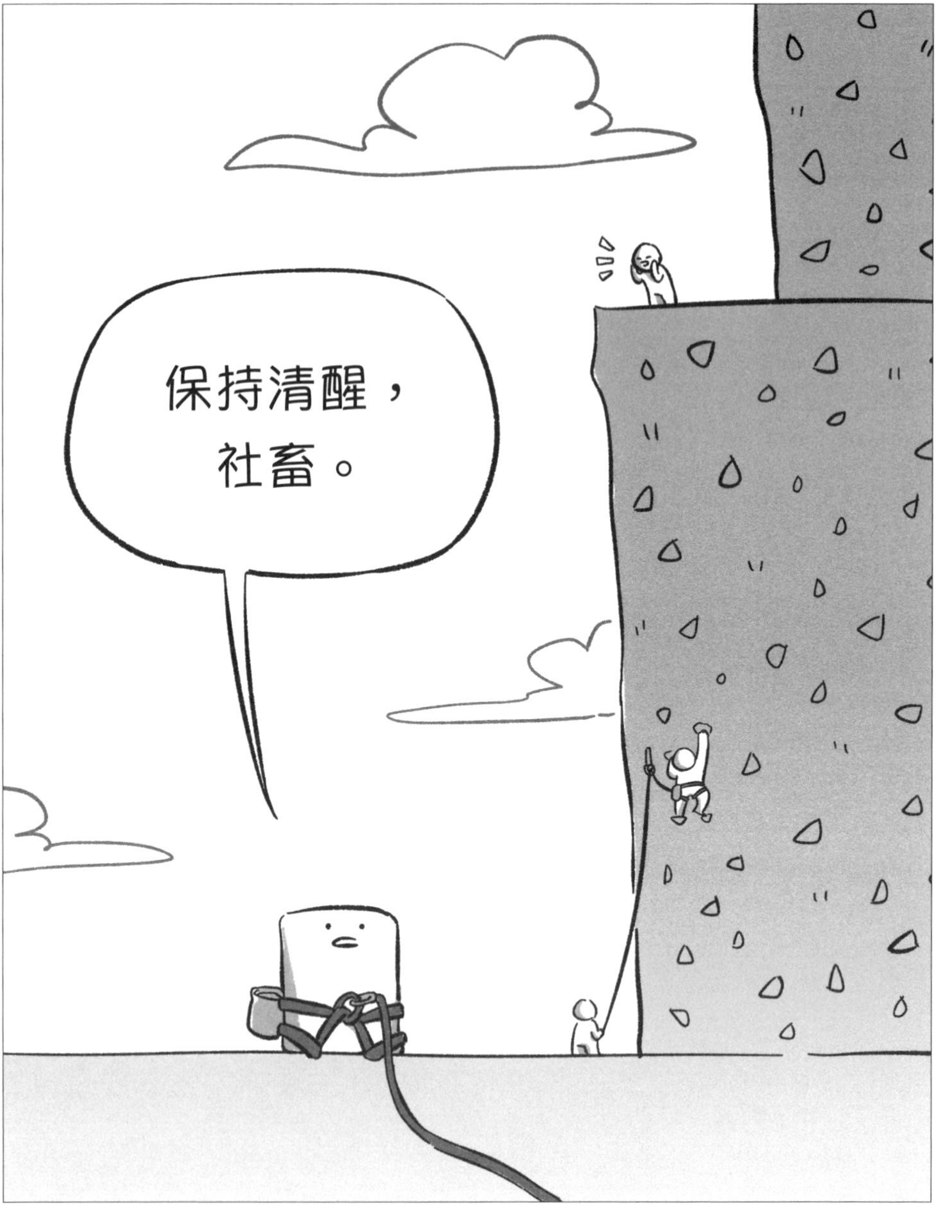
保持清醒，
社畜。

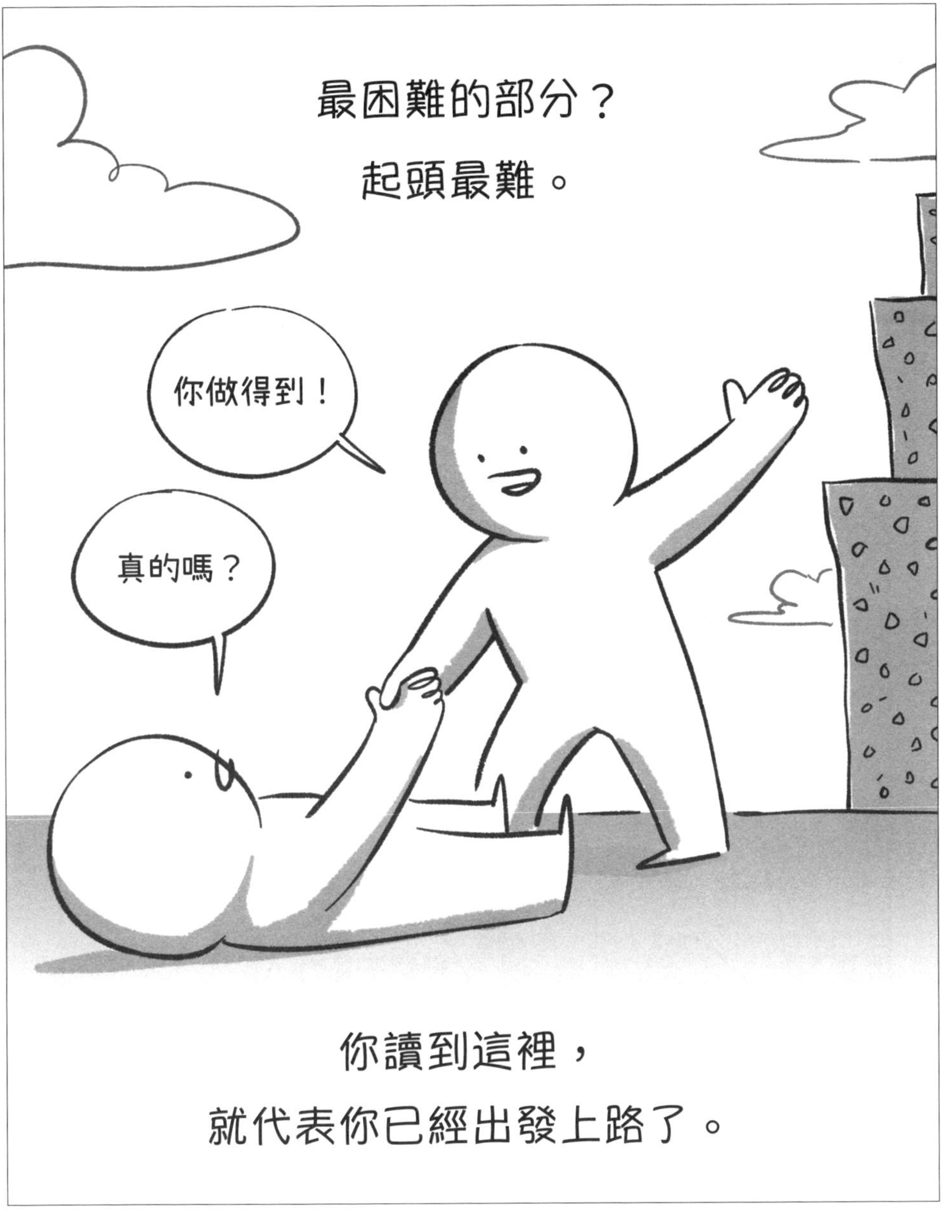
最困難的部分？
起頭最難。
你做得到！
真的嗎？
你讀到這裡，
就代表你已經出發上路了。

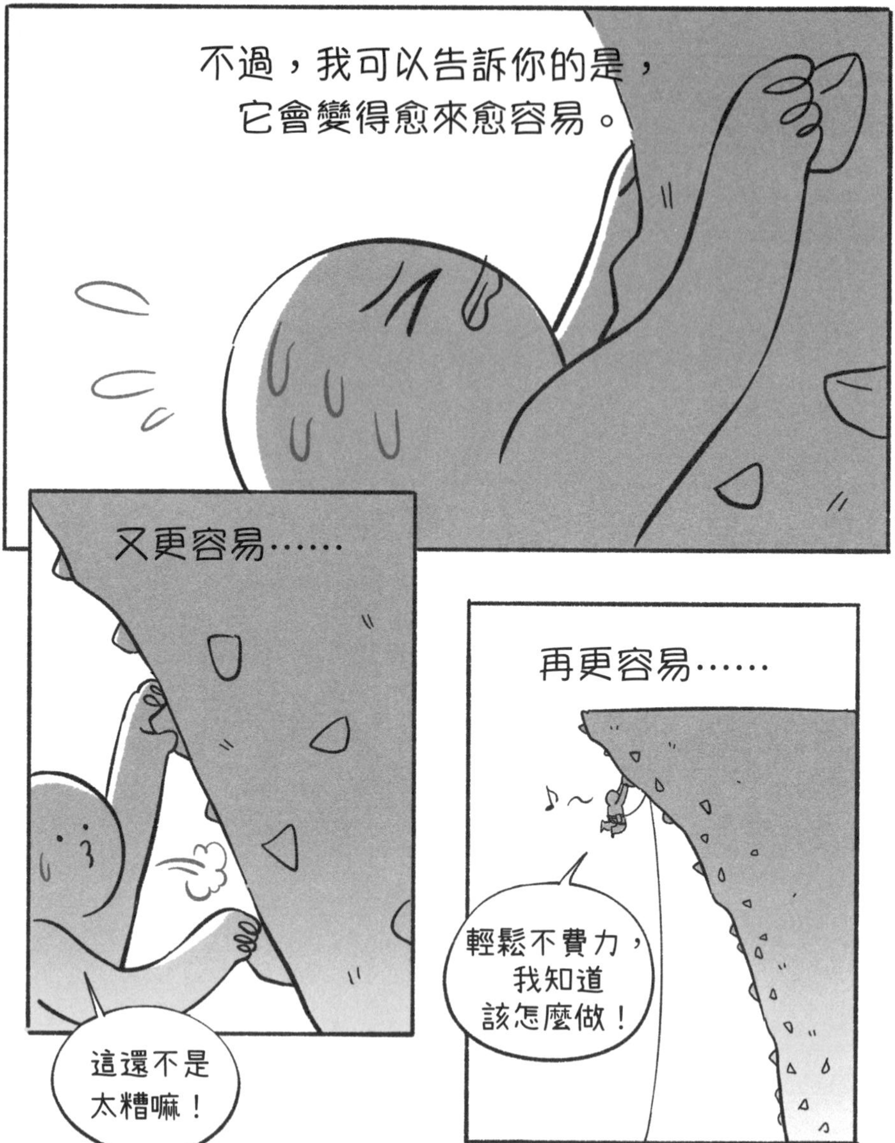
不過，我可以告訴你的是，
它會變得愈來愈容易。
又更容易……
這還不是
太糟嘛！
再更容易……
♪～
輕鬆不費力，
我知道
該怎麼做！

如果你25歲、從零開始，
這個里程碑在你眼中有多麼望而生畏
而且機會渺茫，
我完全理解。

有些人說要存到六位數的存款很容易，
別聽信那種話。

因為那一點都不容易。

那裡我永遠都上不去！

你做得到！

沒錯，$100,000這個數字，
說多不算多，
但是也不算少。

不過，在金錢方面，
它確實是一個重要的里程碑。

極端地說，
如果你是百萬富翁，
就能把90%的財富都投資於
高風險、高報酬的資產。

你還有整整
$100,000的
急用金。
這很不錯。

舉個例子：

如果你有$10K，
你禁不起把90%都投資於
高風險、高報酬的資產，
像是股票或是創業。

你只有$1,000的
急用金。
這對大部分人來說，
都不夠。

$10K
$1k
$9K

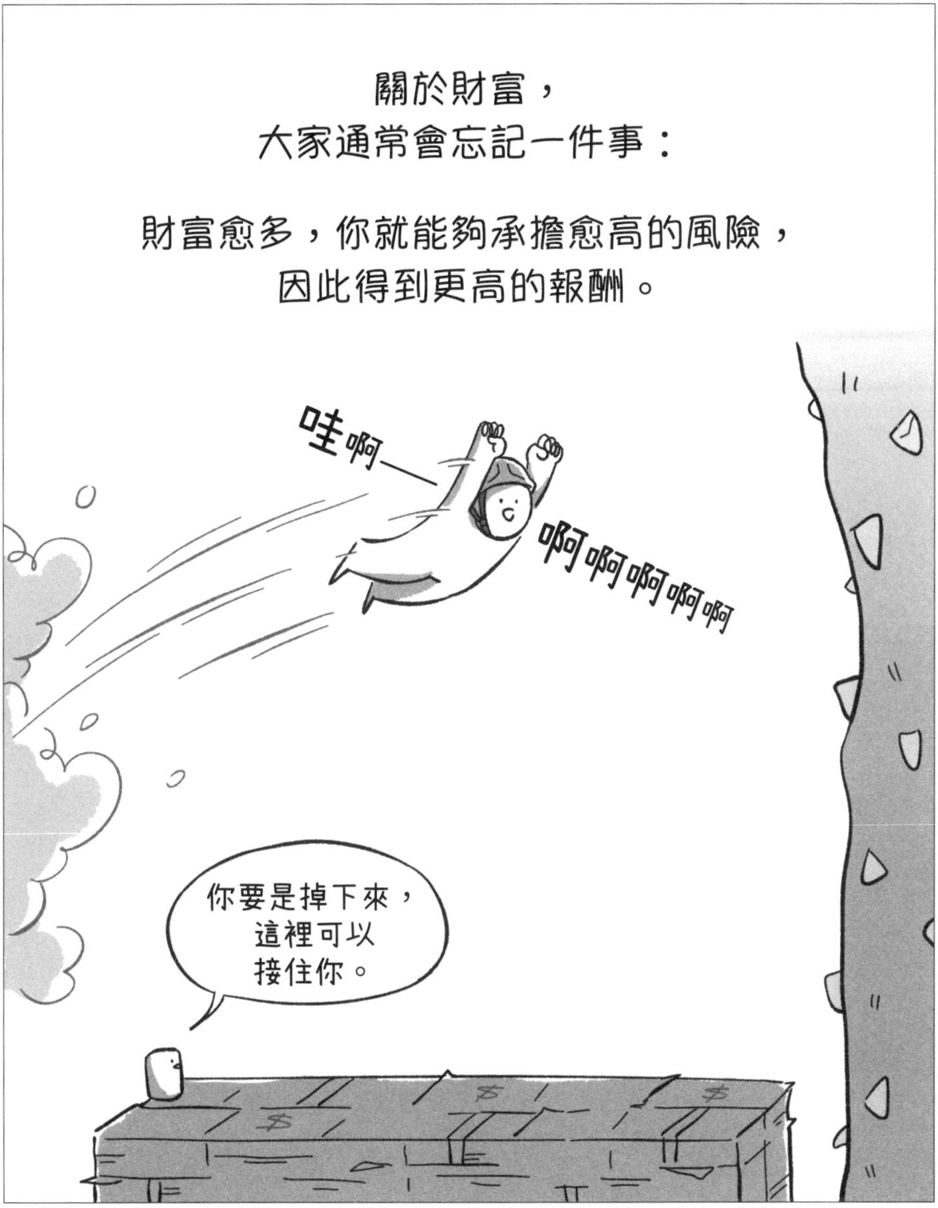
關於財富，
大家通常會忘記一件事：
財富愈多，你就能夠承擔愈高的風險，
因此得到更高的報酬。
哇啊——
啊啊啊啊啊
你要是掉下來，
這裡可以
接住你。

理由4：你的第一個$100K讓你有能力承擔更多風險。

要達成下一個$100K，
你只需要$95K。
200K
先馳得點。
這個現在看起來
做得到。
100K
再下一個$100K呢？甚至更少。
接下來只會愈來愈輕鬆。

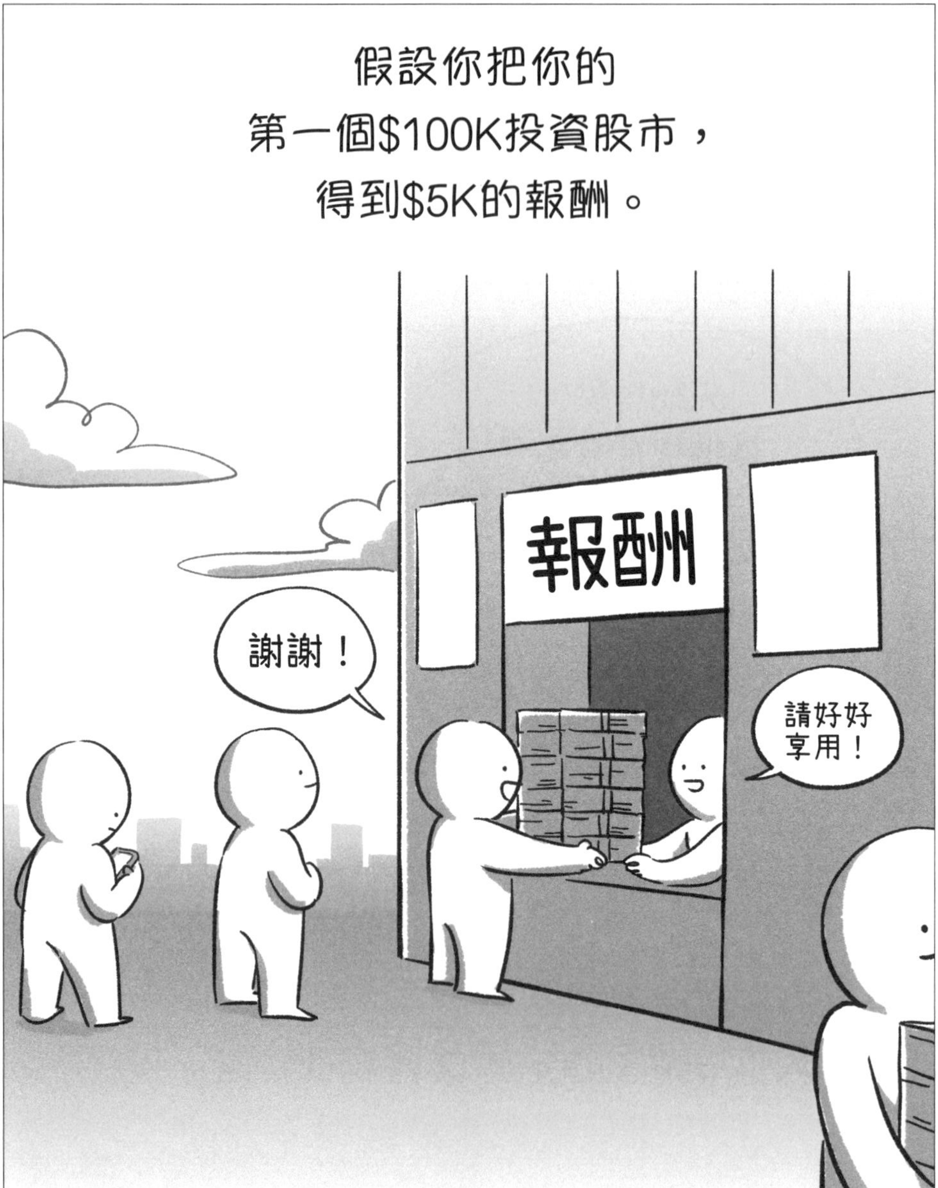
假設你把你的
第一個$100K投資股市，
得到$5K的報酬。
報酬
謝謝！
請好好
享用！

理由3：錢會滾錢。

你一路走來所累積的技能、經驗和人脈，
不會憑空消失。

當你站在你下一個$100K之旅的起點，
手中已經有這些資源。

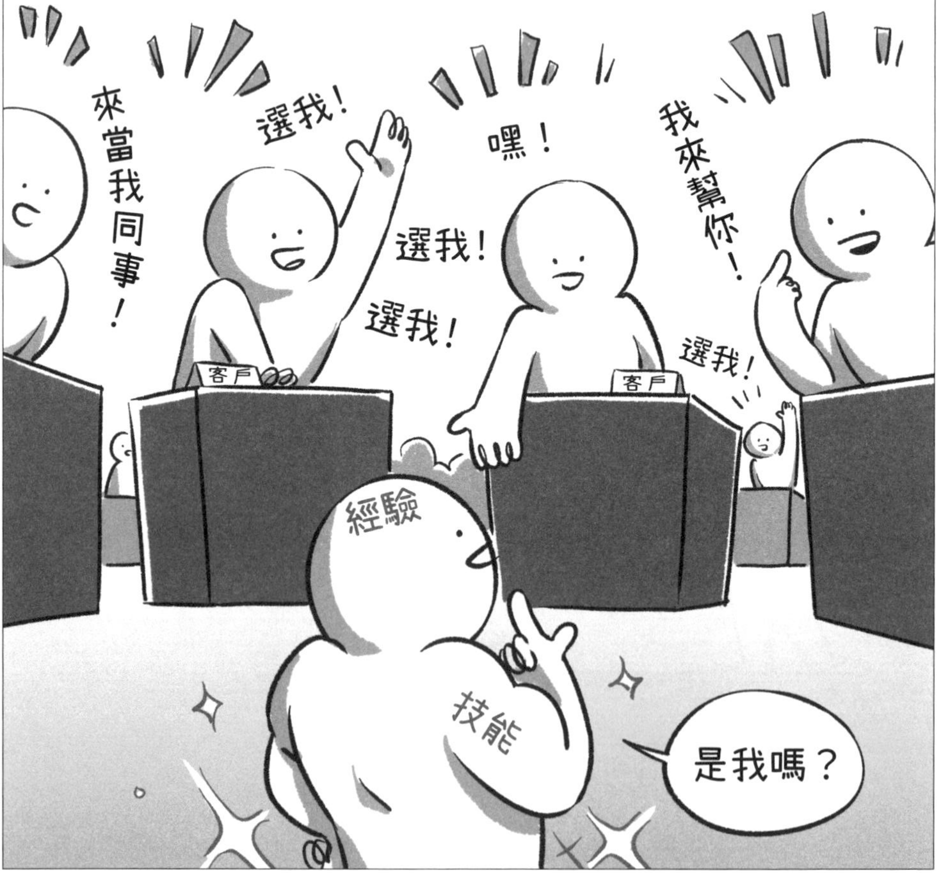

缺技能、缺經驗、缺人脈，
結果就是遭遇拒絕和失敗。

但是，努力終究會有收穫。

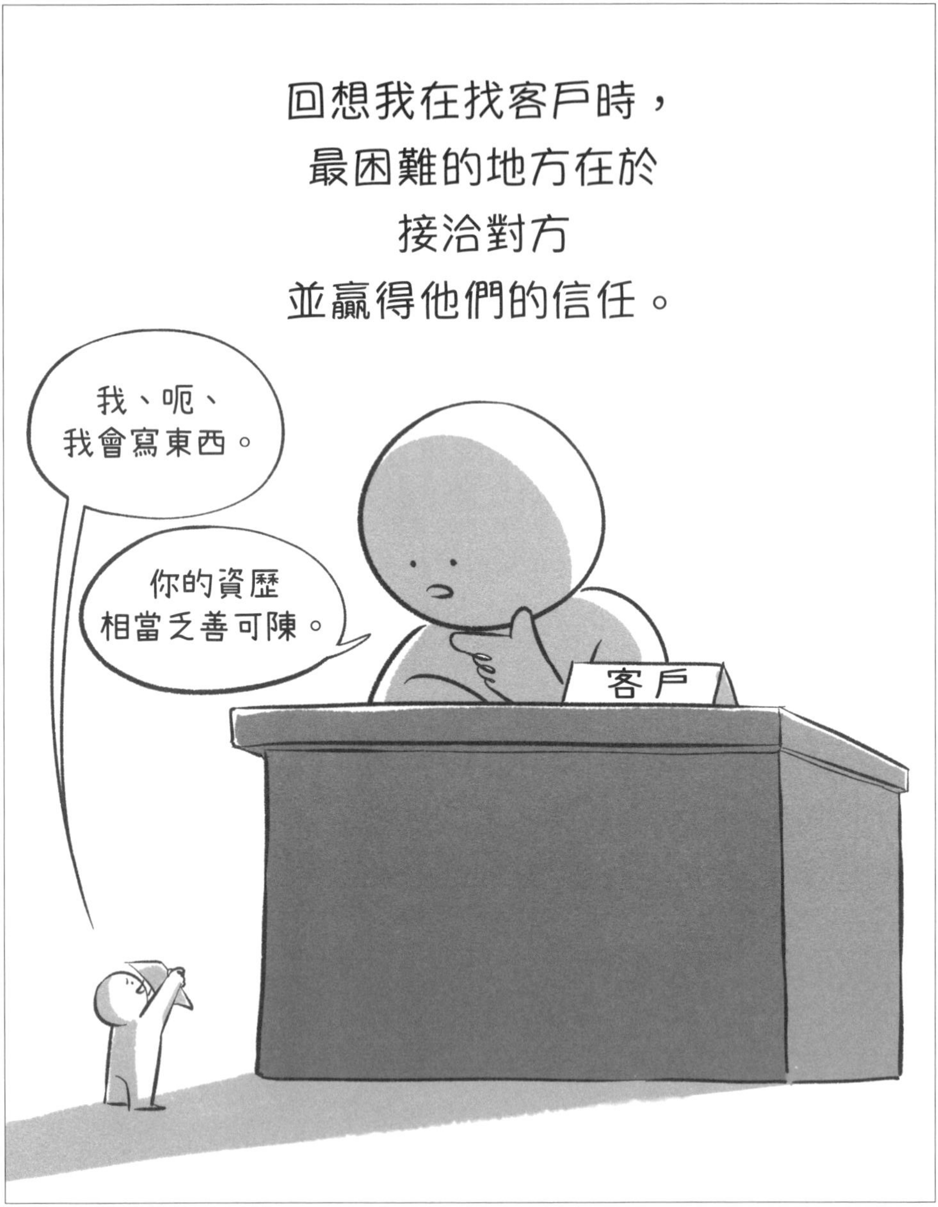
回想我在找客戶時，
最困難的地方在於
接洽對方
並贏得他們的信任。
我、呃、
我會寫東西。
你的資歷
相當乏善可陳。
客戶

理由2：你已經為增加收入做好準備。

第一個$100K是栽種，為的是追求成長。

下一個$100K是灌溉，為的是持盈保泰。

雖然我現在的所得更高，
但是現在的開銷只比25歲時
稍微增加一點。

25歲　　32歲

我在存第一個$100K的過程
所培養的習慣，
讓我遠離「生活型態通膨」。

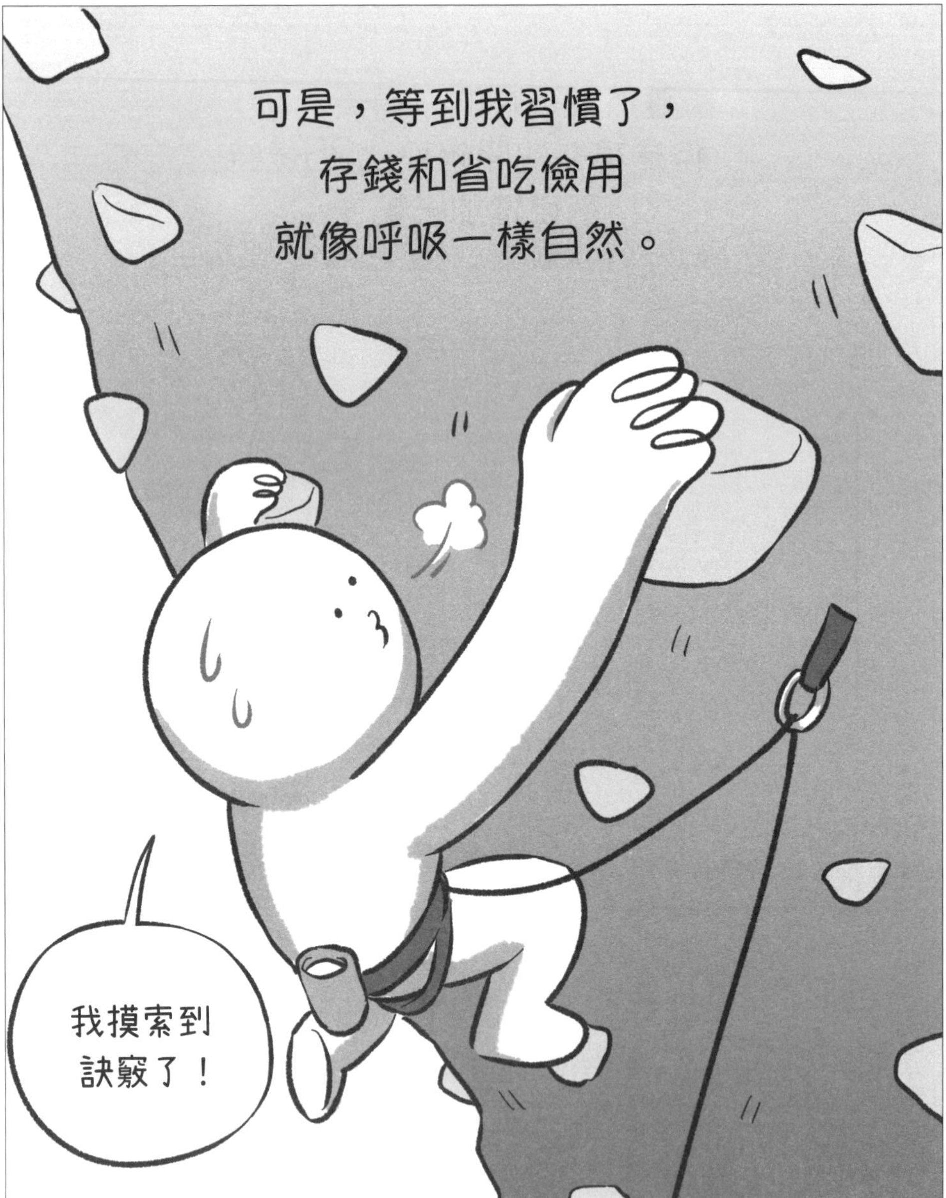
可是，等到我習慣了，
存錢和省吃儉用
就像呼吸一樣自然。
我摸索到
訣竅了！

The Woke Salaryman Crash Course on Capitalism & Money

頭幾個月非常煎熬，
我出現許多**戒斷症狀**。

不要回頭看！

當我第一次決定要存到$100,000，
我必須做一些痛苦的決定。
你們在
扯我後腿
TAXI
其中包括少搭計程車、少渡假，
還有飲食不要太講究。

理由1：習慣的力量

我堅信，
如果你可以賺到
你的第一個$100K，
300K
200K
你之後的理財旅程
會變得輕鬆很多。
原因如下：
100K
我們不贊成你拚命衝衝衝。
用你能夠持之以恆的步調
達成你的第一個$100K。

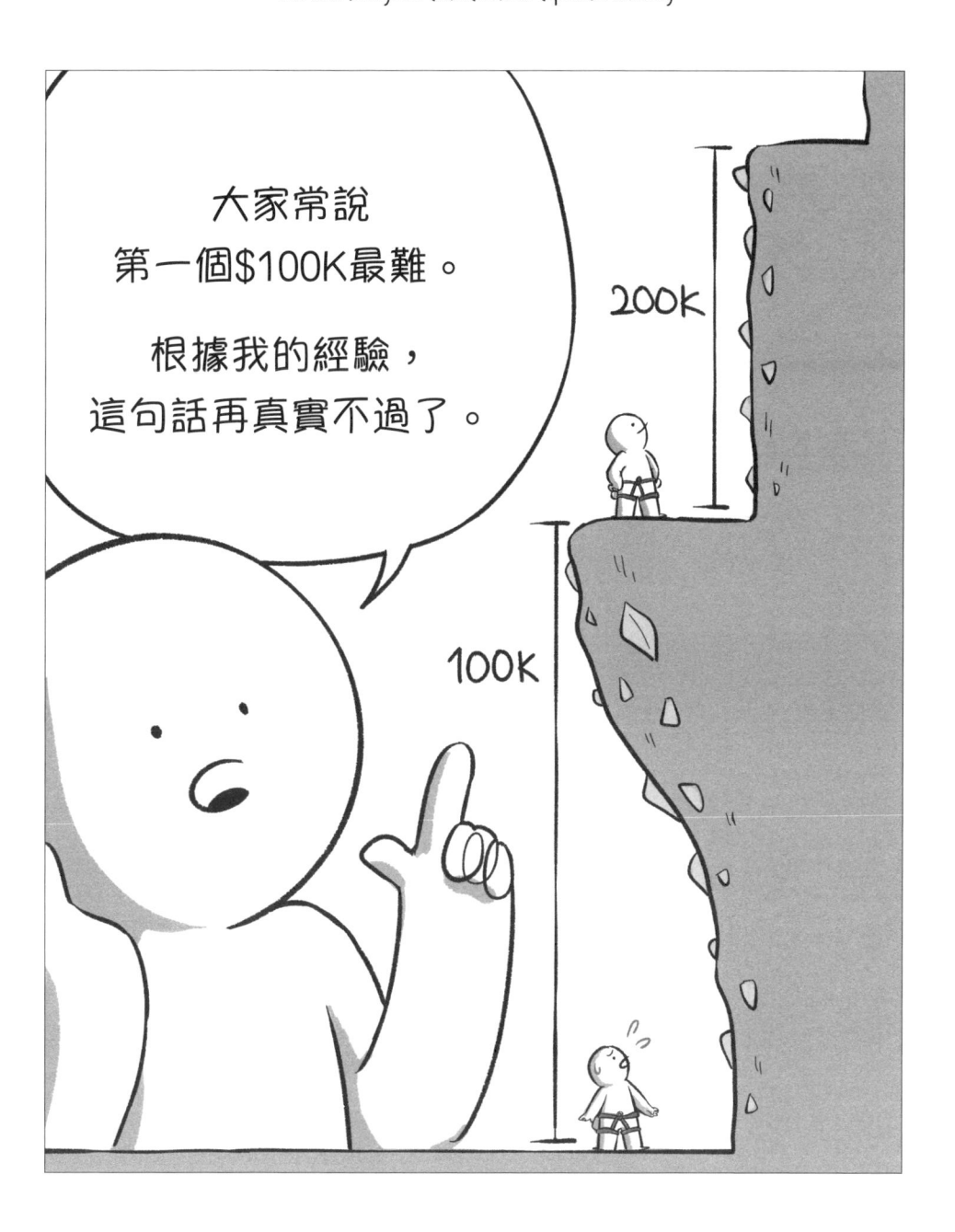

The Woke Salaryman Crash Course on Capitalism & Money

大家常說
第一個$100K最難。

根據我的經驗,
這句話再真實不過了。

200K

100K

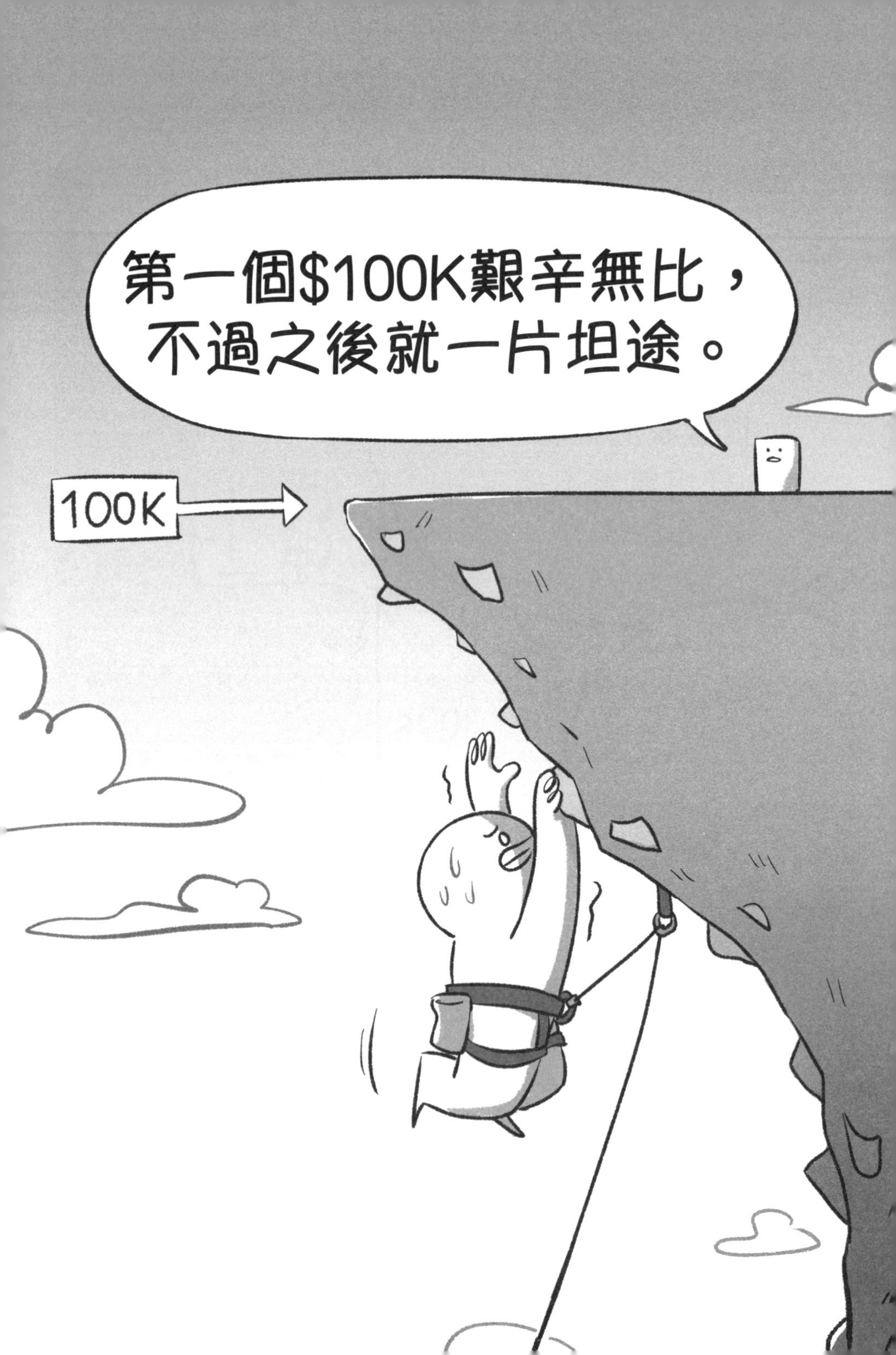
第一個$100K艱辛無比，
不過之後就一片坦途。
100K

第一桶金最難，
不過之後就有如
倒吃甘蔗

原發表日期：
2022年3月22日

〜〜〜〜〜

存到第一桶金的路不會輕鬆，不過辛苦是值得的，而且之後會愈來愈輕鬆，理由如後。

但是，投資伴隨風險。人在追求快速高報酬時，通常不但沒賺到錢，反而賠錢。

防護

理財計畫的布署再怎麼完善，也可能會出批漏。遭遇意外或是疾病可能要花大錢。那就是保險和風險管理之類的工具派上用場之處。

要深入所得、儲蓄、投資和防護的精髓，可能需要寫一整本專論來探討。

為了精簡，我們把焦點放在我們認為對年輕人最有用的部分。

能投資,也就沒有需要防護的財富可言。

所得能力取決於技能、人脈和承擔風險的能力。不過,還有一大籮筐的其他條件也很重要。

儲蓄與開銷

你的儲蓄能力就是你留住財富的能力。如果你不善於儲蓄,就等著看財富來復散去。沒有儲蓄財富的紀律,等於是在沙地上蓋城堡。

許多高所得者的儲蓄能力之糟糕,會讓很多人覺得意外。一名收入兩萬的銀行家,儲蓄可能比擔任一般文職工作的職員還少。世界就是那樣千奇百怪。

投資

近年來,投資(還有炒股[trading],也就是短期投資)被描述成財務獨立的神奇子彈。這種說法多少有些真實,不過不是全貌。

沒錯,投資是讓你不工作也能增長財富的關鍵。日積月累下來,有投資的人和沒有投資的人之間會出現龐大的鴻溝。

第 2 章
啟動你的理財革命

理財之路一開始通常讓人迷惑。就像許多年輕人，我也曾被各種五花八門的建議包圍轟炸。

大部分的理財大師都說，想致富，就要盡早開始投資或炒股。有的說最重要的是撙節開銷，省吃儉用。還有的說成為創業家、擺脫朝九晚五原地踏步的生活才是關鍵。

那些建議每一條都有其優越之處，但是如果做到極端，可能害多於益。我們的想法如下。

講到財富成長，就要談到四類活動。你在這些活動做得愈成功，實現財富成長的機會就愈大。

這四類活動是：

所得

我們認為這是四類活動當中最重要的一項，在理財之旅的早期階段尤其如此。沒有所得，就無法儲蓄。無法儲蓄，就不

第 2 章

啟動你的
理財革命

START YOUR FINANCIAL REVOLUTION

累積財富的法則很簡單。
不過，簡單不代表容易。

——作者的話

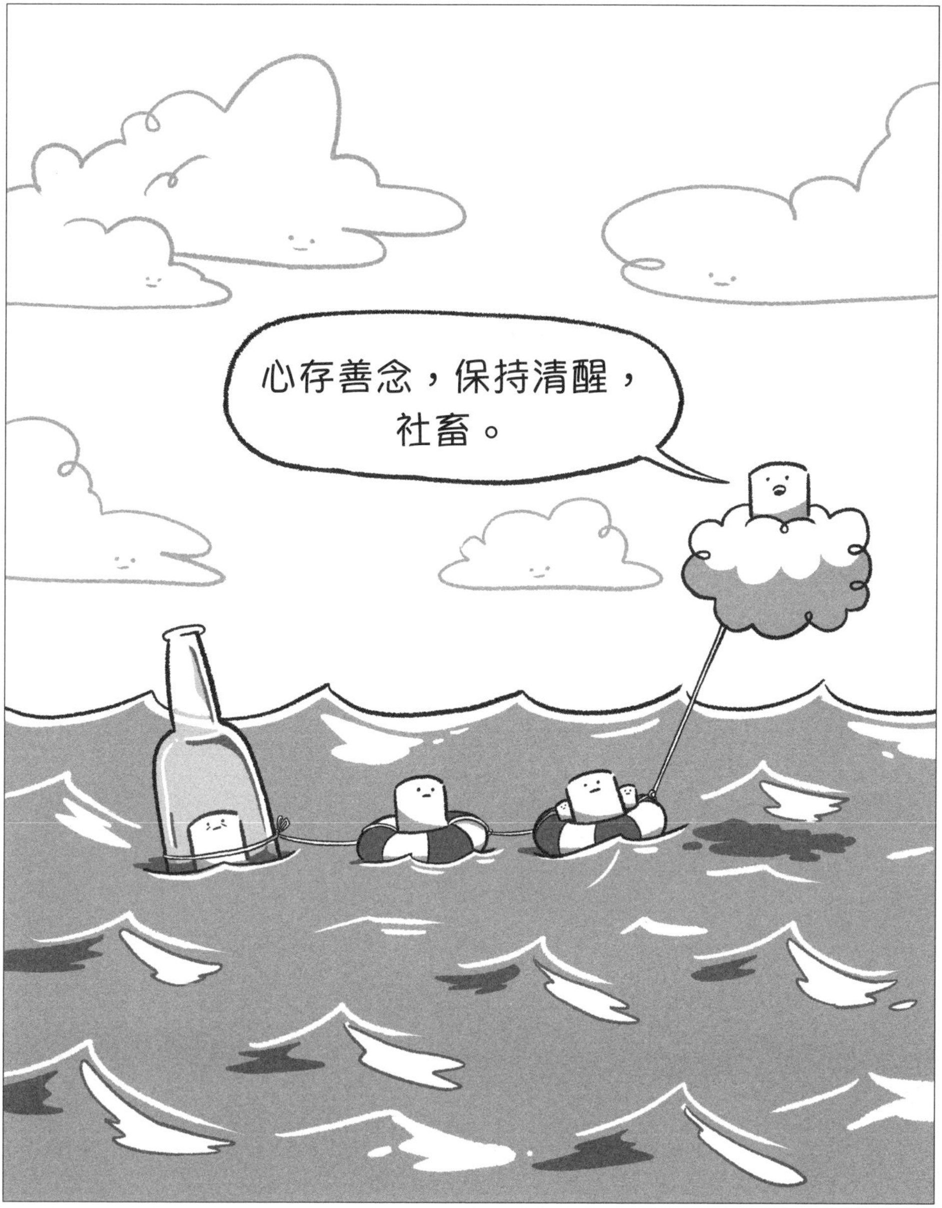
心存善念，保持清醒，
社畜。

我們不會強迫你改善別人的處境，
但是如果你沒有建設性、缺乏同理心
或是不想做點事，
請收起你帶著批判、不請自來的建議。

你是對的。
我們很抱歉。

The Woke Salaryman Crash Course on Capitalism & Money

不過，說起來容易，
做起來難……
特別是第3點。

① 不怪罪，不批判。

② 付出同理心。

③ 採取具體的行動，
改變現狀。

沒錯，
但是光說不練也不會有改變。

我們努力追求的最終成果應該是改變現狀。
因此，我們應該：

① 不怪罪，不批判。

② 付出同理心。

③ 採取具體的行動，
改變現狀。

不良決策也有複利效應，
它的負面影響會隨著時間加乘累積，
脫貧的難度因而呈指數攀升，
甚至到沒有外來的援助
就不可能成功脫貧的地步。

儘管窮人做出不良財務決策
或許有充分的理由，
但是他們做出不良財務決策
卻是不爭的事實。
GER
EER
HOPPY
IPA
BEE
XX

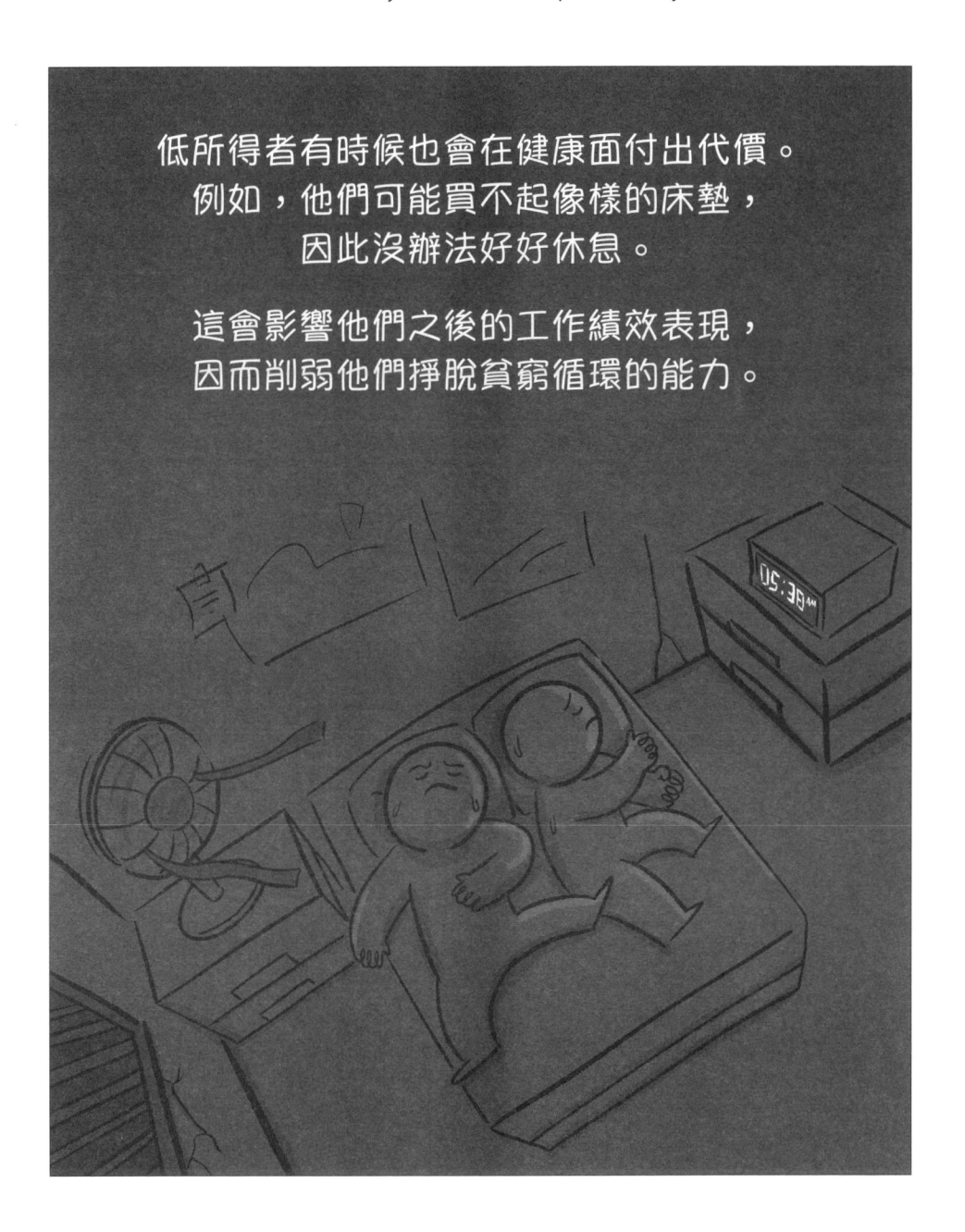

低所得者有時候也會在健康面付出代價。
例如，他們可能買不起像樣的床墊，
因此沒辦法好好休息。

這會影響他們之後的工作績效表現，
因而削弱他們掙脫貧窮循環的能力。

從時間來看，
低所得者最後也可能付更多錢。

例如，講到通勤，他們可能沒有太多選擇，雖然坐計程車會更有效率，他們卻只能走很遠的路，或是搭乘大眾交通工具。

還有,窮人的支出
有時候最後反而會<u>高於</u>平均水準。

比方說,他們可能沒有選擇,
只能買會更快損壞的便宜貨,
長期下來花費反而更多。

> 這雙靴子好快就壞了,我必須不斷買新的。

> 貴的會比較耐用。

> 可是我買不起。

【Sam Vimes是Terry Pratchett的小說Men at Arms裡的人物,靴子理論的典故即來自這本小說】。

其中一個效應就是壓力。
人在沉重的壓力之下，
難以做出明智的決定。

這種壓力可能會導致
家庭暴力、有害的成癮，以及健康低落。
這些全都要付出高昂的代價。

除了沒有足夠的錢可以糊口，
長期處於貧困也會對心理產生影響。
我一輩子大概就這樣子了……
有人在搞鬼……
我沒辦法……
有什麼用？
何必試呢？

但是，對於所得不豐的人來說，
理財這件事會更為複雜。

如果你是低所得者，許多理財訣竅都不適用。

> 舉個例子：
> 如果你的所得是$6000，存 **20%** <u>很簡單</u>。
> 如果你的所得是$600，存錢<u>可不是簡單的事</u>。

> 抱歉，
> 我全部只剩這樣。

大部分主流理財建議
(包括我們的)
都是想要協助一般人改善他們的處境。
如果你位於這裡，
事情會複雜得多
「生於貧窮不是你的錯。
死於貧窮是」
這句話適用在這裡。
低
所得
中
所得
高
所得

第1章　　　　　　　　　　　　　　　　　　　接受人生並不公平

……有些人卻陷在
貧窮循環裡,
而這會影響他們的抉擇。

不要!!!

我就差那麼
一點……

這要我
怎麼攀上岸!

POVERTY CYCLE
貧窮循環

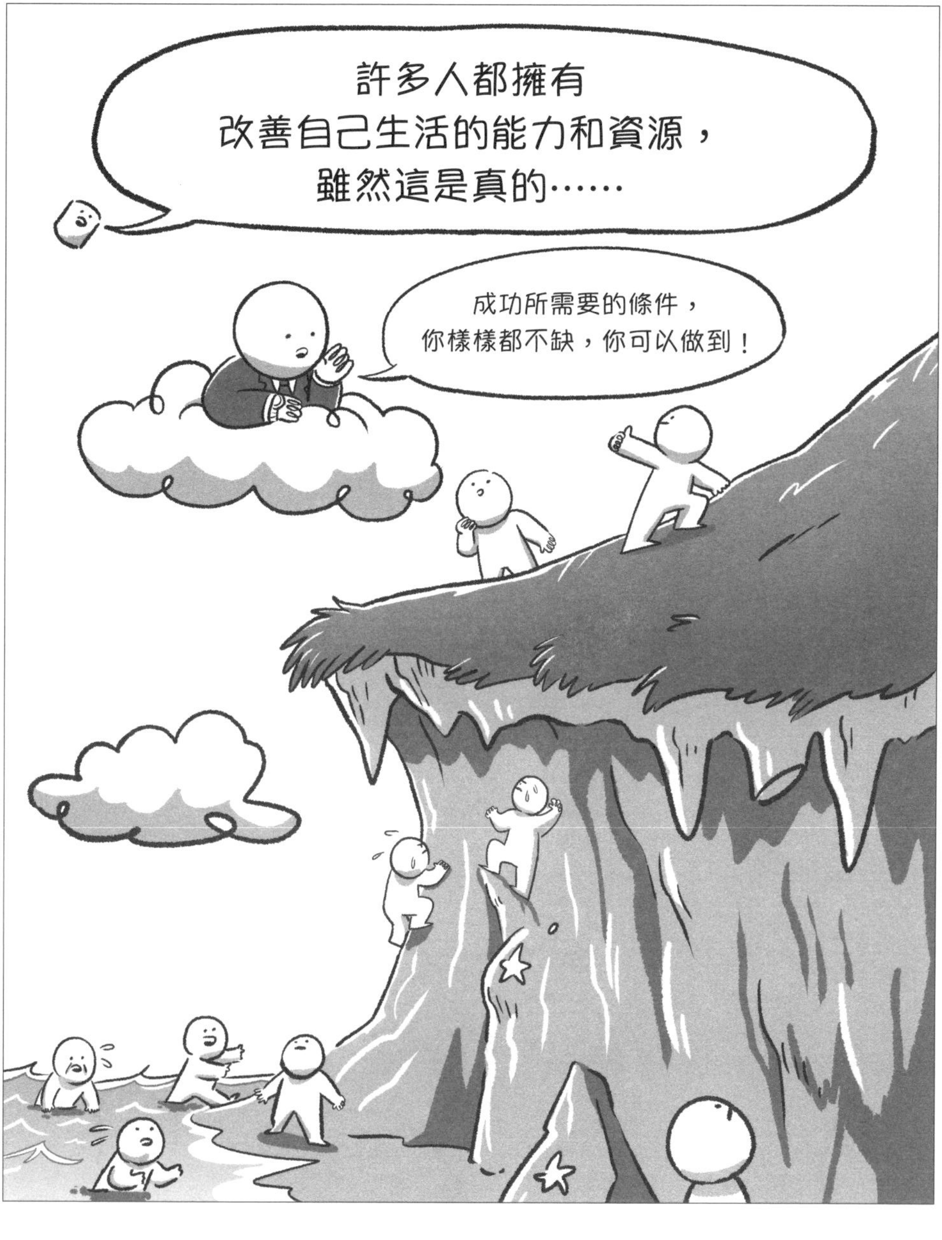
許多人都擁有
改善自己生活的能力和資源，
雖然這是真的……
成功所需要的條件，
你樣樣都不缺，你可以做到！

雖然我們知道這句話意在強調，
改善個人生活是個人自己的決定，
不過這種想法不完全正確。
再努力一點！
找份工作，
然後存錢！
你應該學習
如何妥善管理
你的金錢。
金錢不是萬能！
只要相信，
你就做得到。

The Woke Salaryman Crash Course on Capitalism & Money

我們不知道
是誰想出這句話的：

生於貧窮不是你的錯。
不過，死於貧窮的話，
那就是你的錯。

可是我們不敢苟同。

貧窮
不是貧窮人的錯。

貧窮
不是貧窮人的錯

原發表日期：
2022年10月24日

當你踏上你的理財之旅，你會變得更注意每一個人的財務背景。讚揚富人、醜化窮人很容易，不過重要的是體認到有許多窮人的貧窮不是他們自己的錯。

> - 不斷地擲，直到 6 點出現為止
>   （努力）
> - 精通擲骰子這門技藝
>   （卓越）
> - 出生時有很多組骰子
>   （稟賦）

你現在必須玩的牌局

人生就像玩牌。有些人得天獨厚，稟賦豐富。有些人則是受到霉運的詛咒。不必批判，我們就是生在這樣一個不公平的體系裡。

重要的是要承認這個現實。

理解這個現實也很重要。

不過，說到底，如果你想要成功，理解牌局的規則很重要，否則可能會事倍功半，而且保證你會幻滅。

說了這麼多，你現在已經會認牌卡的花色。是你下場玩的時候了。*

保持清醒，社畜。

---

* 如果你想下場的話。本文根據物質財富導向的傳統標準來定義成功。你自己對成功的定義或許不同，那也沒有關係，我們對此無可置喙。

> 一個極端例子是：
>
> 你能在 30 歲之前存到 10 萬新幣、買齊你需要的所有保險、創造各種被動收入；但是你的人生仍然會因為遇到一場慘重的車禍而毀得面目全非（機率很小，不過還是有可能發生）。

> 一個沒那麼極端的例子是：
>
> 你可以提升自身能力、打造完美履歷、經營人脈、想出最棒的點子⋯⋯但是有時候成功就是不來。而悲哀的現實就是我們必須接受這一點。

不過，我認為把運氣因素想成擲骰子是有益的想法，免得你認為我們逃不出運氣的掌心。

擲骰子能否每一次都擲出 6 點，這件事由不得你。

不過，你可以增加擲出 6 的機會，只要你⋯⋯

沒錯,他們比較勤奮,但是我們賺的錢一樣多。

我們從這裡學到一課:技能與知識很重要。打破框架思考、創意與足智多謀也一樣。

如果你像每個人一樣工作,也像每個人一樣思考,就甭想你的成就會高人一等。

運氣(LUCK)

運氣(LUCK)

潛力:☆●●●●

影響力:☆☆☆☆☆

回調:
如果骰子擲出3點或更少,再擲一次。兩次結果的加總就是你得到的點數。

運氣不可測,也是我們必須應付的那個最痛苦的未知數,因為它很像稟賦,都不是我們能夠直接掌控的事物。

這一個因素我一直覺得難以命名,不過我還是稱之為「卓越」,也就是做出有別於他人的事物的能力。能夠打破傳統或是創新。

為什麼有許多人一天工作 12 個小時卻一無所獲,原因或許就在於卓越能力的有無。

<u>把這個概念套用於自由寫作,情況會是這樣:</u>

身為自由作家,我寫一篇文章的酬勞,從 50 到 2,000 新加坡幣都有。

我從中學到,50 新幣一篇的文章,通常是幾乎只要會造句的人都寫得出來的東西。

<u>比方說:</u>

〈在新加坡覺得無聊時可以做的五件事〉

為什麼它只值 50 新幣?答案可以歸結為一個簡單的經濟學觀念——供給與需求。

我會避免接這類的案子,因為能寫〈在新加坡覺得無聊時可以做的五件事〉的作家供給過剩。

我的重心會放在那些需要更專業的知識、複雜度較高的案子——這類案子的作家供給有限,案主付的價碼比 50 新幣高。

說到底,寫 10 篇 50 新幣文章的人,收入(共 500 新幣)和我寫一篇定期壽險與終身壽險優缺點比較的 500 新幣文章一樣多。

在剖析成功的原因時，努力的角色特別吃重，因此在四騎士當中最為勵志。它也最容易引起共鳴，是講故事的好材料，因為每個人都可以努力。

不過，事實就事實：努力和勤奮很重要，而且是左右局勢的關鍵。追求長期目標的熱情和毅力，通常比智力之類的條件重要。

別搞錯了：熟仍然能生巧，努力也無可取代。只不過你還必須考慮更多其他因素的影響。

卓越（DISTINCTION）

卓越（DISTINCTION）

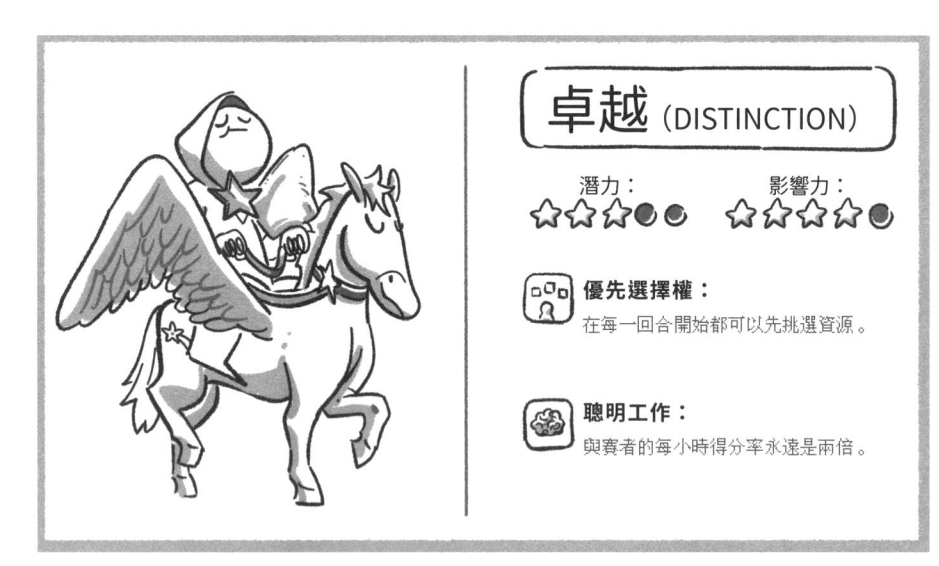

潛力：★★★●●　　影響力：★★★★●

優先選擇權：
在每一回合開始都可以先挑選資源。

聰明工作：
與賽者的每小時得分率永遠是兩倍。

努力（EFFORT）

```
努力（EFFORT）

潛力：          影響力：
★★○○○        ★★○○○

拼勁：
與賽者可以用 20 生命值換一個回合。

熟能成巧：
只需要一半成本就能得到傑出卡。
```

一般而言，努力、勤奮是人們解釋自身成功時一定會歸納的原因。你或許會說這種說法刻意避重就輕；但是我們不妨這樣解釋：

告訴別人「我生來就是有錢人」或是「我運氣好」，這實在不是什麼精采的專訪內容。

另一方面，說「我用不一樣的方法做○○○等事情」，並詳細說明來龍去脈，這或許會洩露你的競爭優勢。

於是「我下很多功夫」變成最省事的答案。更不用說它通常有幾分真實：努力通常是成功的先決條件，即使是出身優渥的人也適用。

全的國家,預期壽命長,嬰兒死亡率低。

人通常無法控制自己的稟賦條件,也不必為此感到羞愧。

重要的是你體認到它在你的成功之路上會發揮什麼作用。你的稟賦愈多,就愈容易成功。沒有人可以否認這一點。

理解這一點也有助於你更有同理心,不會說出「哦,窮人就是懶惰」這種話。

儘管如此,我們還是要指出,稟賦雖然攸關重大,卻還是不能主宰一切,而這一點也同樣重要。

想想看:如果稟賦定終生,那麼傑夫・貝佐斯(Jeff Bezos)不會成為當今全球首富——他的爸爸來到美國時,不過就是個只會說西班牙語的窮光蛋移民。

更準確的說法或許是,如果你有一定的稟賦,就有相當大的機會達成財務上的成功。

這就要說到下一個因素……

稟賦（PRIVILEGE）

最近有很多關於稟賦的精采討論。稟賦是你生下來就擁有的優勢。

稟賦（PRIVILEGE）

潛力：★★★★☆
影響力：★★☆☆☆

繼承：
在賽局一開始丟五次硬幣，每出現一次正面就得到 10 萬元的創始資本。

高期望：
如果與賽者沒有領先，壓力值加 20。

出生在富貴人家，你就有一張安全網可以當作冒險的本錢。當然，這種本錢不限於財富。

在種族、性取向或身心能力方面不屬於少數群體的人，因為面臨的歧視通常較少，也算是站在比較優越的起跑點上。

除了前述兩種常見的優勢，還有其他形式的稟賦也值得我們思考；這些稟賦和我們出生的時代或地點有關。

我們有幸可以生在現代的新加坡，因為這是一個當今相對安

成功四騎士——
你必須承認它們的存在

我們通常把成功歸因於努力。有時候，世人會因此推論：一個人不成功就是因為懶惰。

這種推論再偏離事實不過。為什麼？因為光是努力無法保證成功。沒有人應該那樣想。

以下就是一個例子：

連續兩週日夜不休地挖一個洞，這是努力的驚人展現。但是，這麼勤奮或許也挖不出一個非常深的洞——尤其是和一個具有優勢（比如說，手拿鏟子）的人相比之時。

我認為辨識其他與成功有關的因素很重要。以下是我們認為影響最大的四個因素：

成功四騎士

原發表日期：
2022年12月8日

～～～～～

努力有用，不過以成功來說，努力是糟糕的預測指標。

關於成功的條件，以下是我們認為普遍被忽略的一些其他因素。

保持清醒,社畜。

先求生，再求榮。

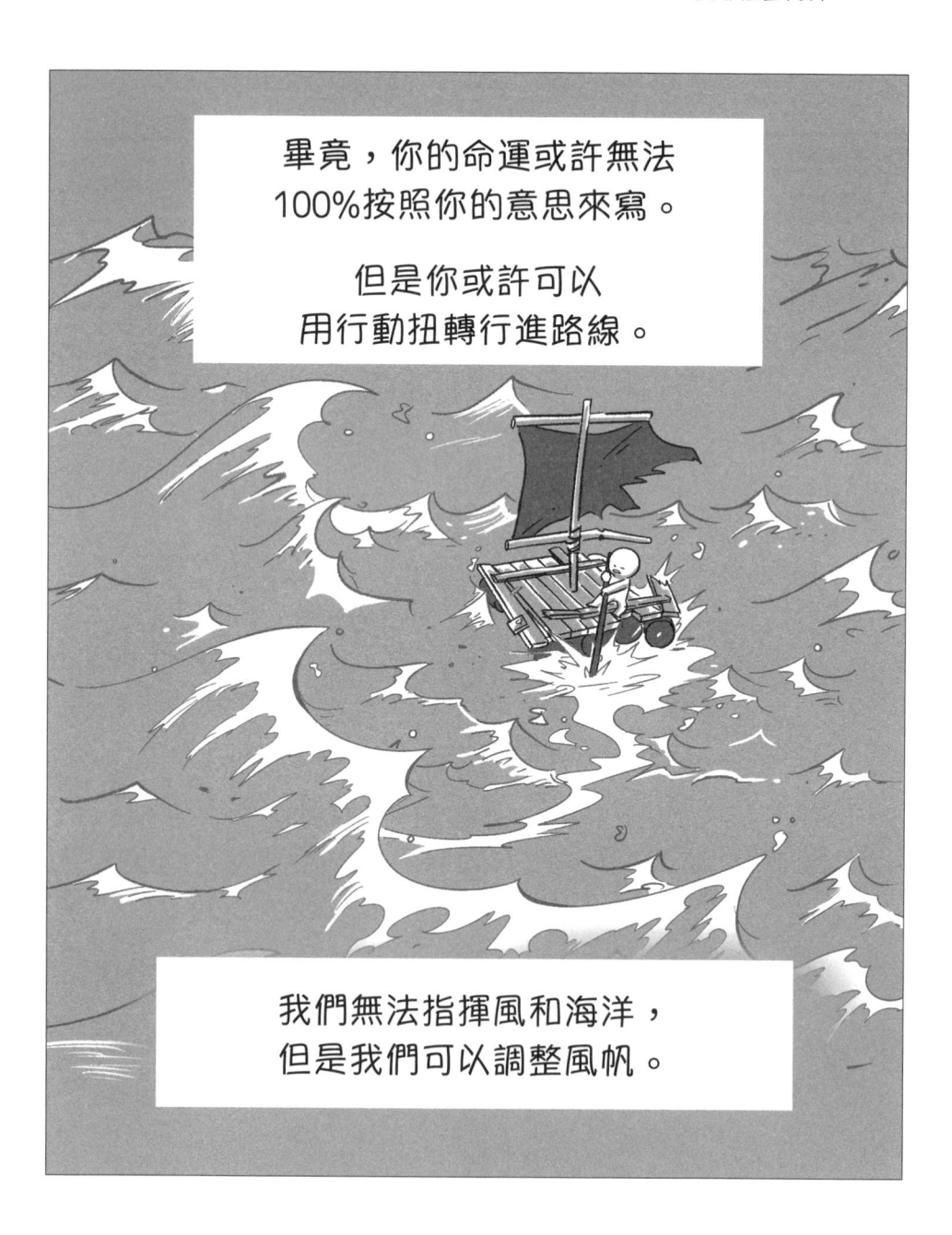

第1章　　　　　　　　　　　　　　　　　　　接受人生並不公平

畢竟，你的命運或許無法
100%按照你的意思來寫。

但是你或許可以
用行動扭轉行進路線。

我們無法指揮風和海洋，
但是我們可以調整風帆。

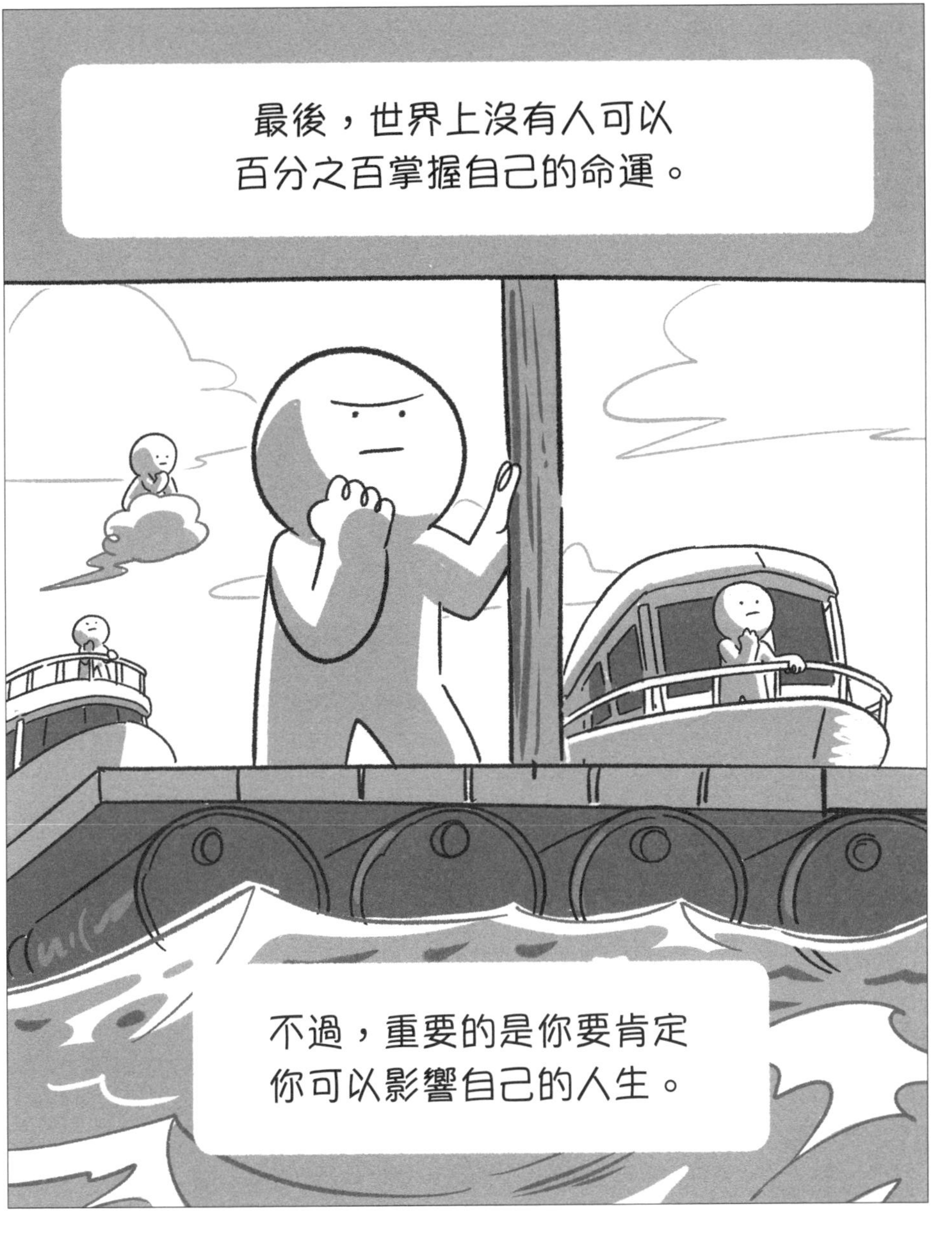
最後，世界上沒有人可以
百分之百掌握自己的命運。
不過，重要的是你要肯定
你可以影響自己的人生。

對於繼承債務的人來說，
成功可能是擺脫債務。

不要比較！

對於繼承財富的人來說，
成功可能是開創一家
價值數十億美元的公司。

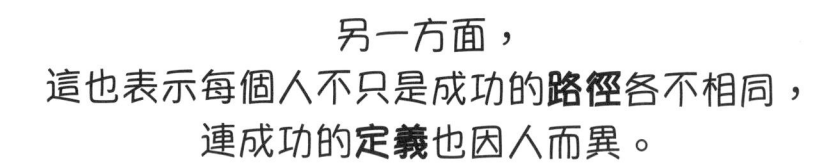

另一方面，
這也表示每個人不只是成功的**路徑**各不相同，
連成功的**定義**也因人而異。

因此，
我們一定要對那些出身貧困的人抱持同理心，
並對自己擁有的機會心存感恩。

切記，一個人的起跑點無論是貧是富，
都不是他們的選擇。

* 譯註：「塔塔開」是日文「戦い」直接音譯，意為「戰鬥」，是《進擊的巨人》經典名梗。

這些有何意涵？

最明顯的就是人生絕對是不公平的賽局，每個人的起跑點不一樣，資源也不均等。

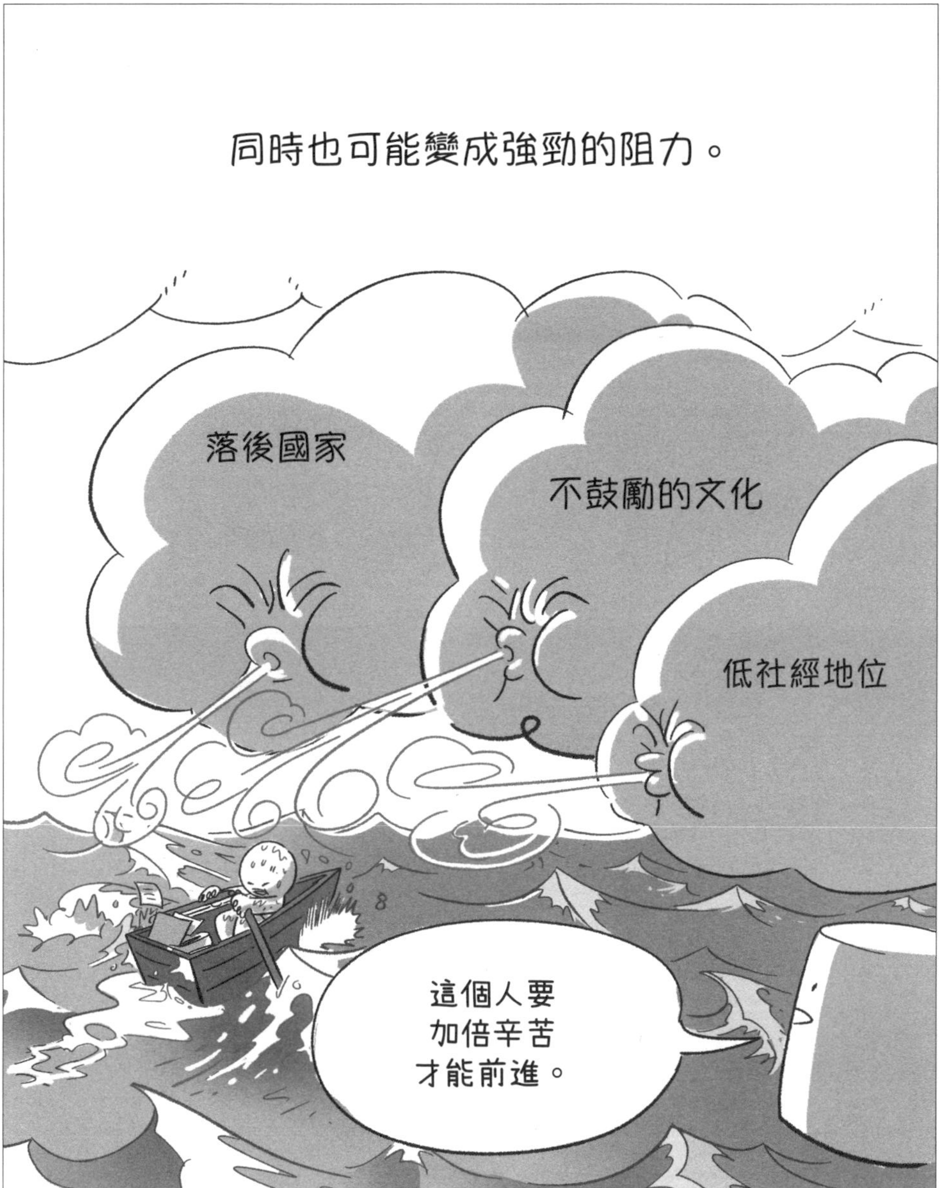
同時也可能變成強勁的阻力。
落後國家
不鼓勵的文化
低社經地位
這個人要
加倍辛苦
才能前進。

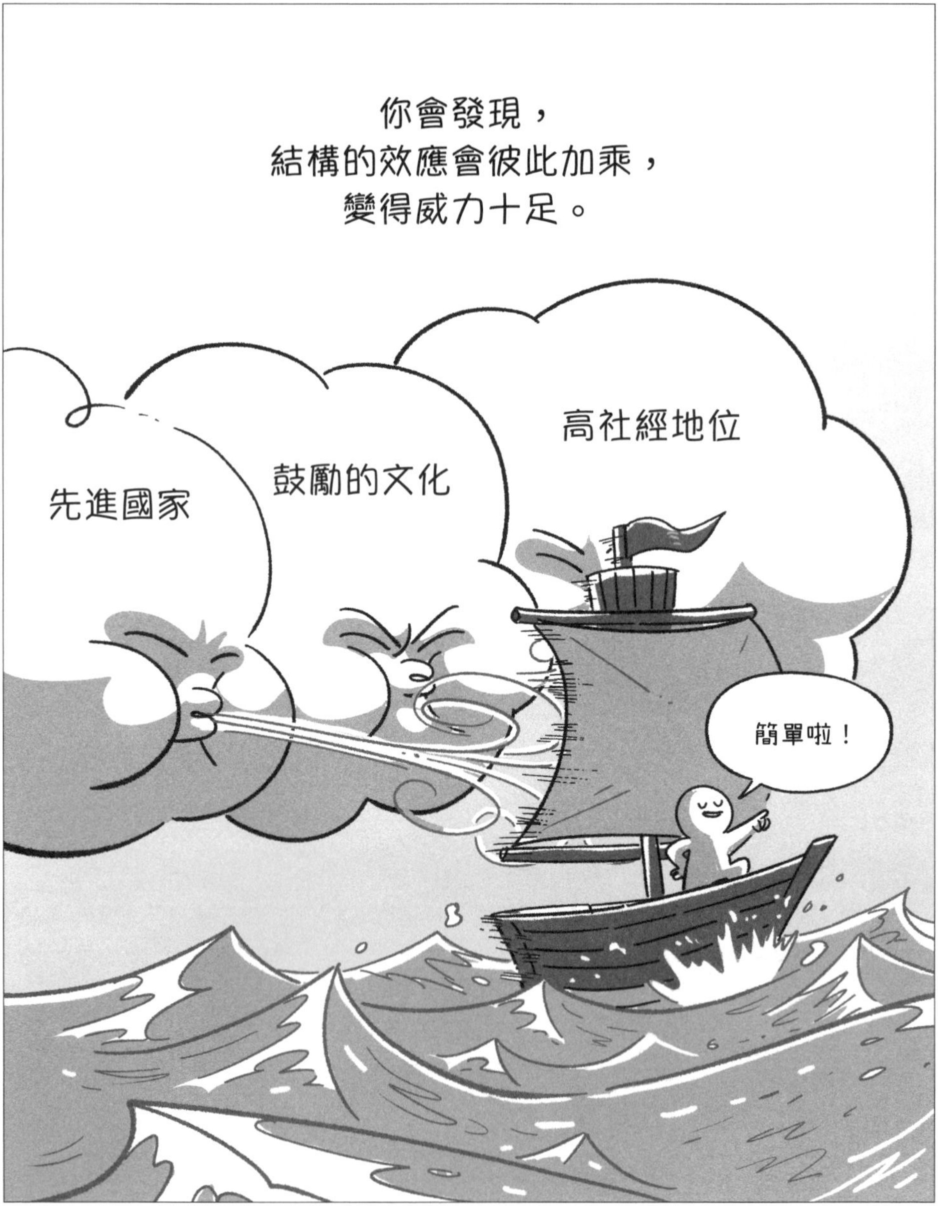
你會發現，
結構的效應會彼此加乘，
變得威力十足。
先進國家
鼓勵的文化
高社經地位
簡單啦！

結構可能是階級因素：

如果你出身於財富沒那麼豐厚的家庭，你可能會發現自己比較難建立那些或許能在你的職涯路上，助你一把的重要人脈。

結構可能是文化因素：

如果一個文化認為女人不應該經手金錢，
那麼出身於這種文化的女性
要從事投資或經營事業會比較困難。

結構可能是你的出生地點：

相較於出生在落後國家，
如果你出生在先進國家，
投資遠為容易得多。

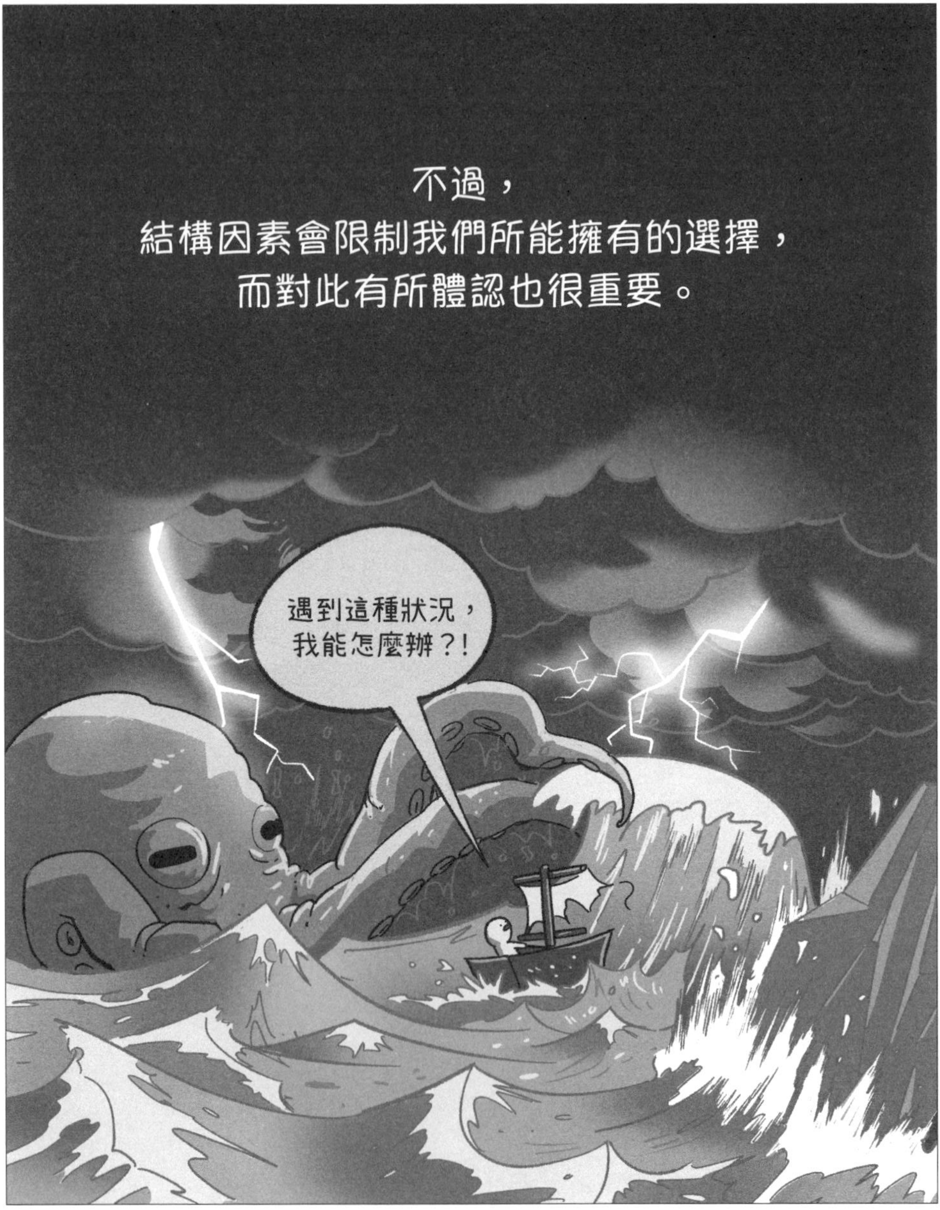
不過，
結構因素會限制我們所能擁有的選擇，
而對此有所體認也很重要。
遇到這種狀況，
我能怎麼辦？!

The Woke Salaryman Crash Course on Capitalism & Money

身為著眼於自我提升的個人理財見習生，
我們通常把大部分的注意力放在能動性，
也就是一個人能夠做的事。

這些包括：
- 你的習慣
- 你的同伴
- 你的價值
- 你做正確決策的能力

在這個類比裡，能動性是你船上那些你能調整和最適化的部件。

NETWORK 人脈
INVEST 投資
EARNING POWER 所得能力
SAVINGS 儲蓄

結構就像海洋，
也就是你周遭的環境。

能動性就像你想要
小船航行的方向。

能動性(agency):
個人對自身的選擇能行使多少自由意志。

結構 (structure)：

影響或限制我們有哪些選擇和機會的事物。

SOCIETY 社會
CULTURE 文化
POLITICS 政治
NATURE 自然
GEOGRAPHY 地理

社會學有一個觀念叫做：

STRUCTURE 結構 VS **Agency 能動性**

這兩個因素
對於我們人生的發展
有深遠影響。

人生有多少事
真能由得你做主？

人生有多少事真能由得你做主？

原發表日期：
2022年4月12日

～～～～～

在你的理財之旅啟程之前，有件重要的事，你一定要知道：有許許多多的人不是因為自己犯錯而貧窮。

以下的漫畫描繪的是貧窮的惡性循環。

然後，等到你準備好了，把這一切做個了結。

只有到那個時候，你才能開始改變你的人生，變得更美好。

接下來的章節要探討你能夠以及無法掌控的層面。我們生活在一個本來就不公正的世界，我們希望這些洞察有助於你在這個世界裡航行。

我們同情由這類不平等而來的絕望和受挫的感受。這些都是合理、自然的情緒,也應該得到正視。

但是,我們也要體認積壓怨恨的真實代價。憤怒會消耗力氣,有礙個人成長、友誼和能力發展。「世界不公平、有人就是比較好命,我幹嘛要努力?」這種想法就會讓你一事無成。

關於怨恨,我們最欣賞的一句話是:

> 怨恨就像自己服毒等別人死。

漸漸接受世界的不公平是一個痛苦而漫長的過程,不過也會讓人解脫得自由。

可以理解,這需要時間。大部分的人應該都會在三十幾歲的時候對最初的怨恨釋懷,不過還是有很多人即使到四十、五十或六十多歲時還是苦苦糾結,難以放手。

對於後者,我們要說:你的感受都確有其實,也值得正視。沒有人有權利要求你「放下」。

請儘管去檢討這個世界的不公不義;允許自己對體制生氣、發怒;徹底宣洩你的挫折感。

我個人選擇把我的心力投注於第二條路，而不是第一條。這樣的選擇就等於表示我必須接受人生並不公平。

不是天才也可以明白，我們無法掌控自己的出身。

出生在先進國家的人所擁有的選擇，遠遠多過出生在落後國家的人。基因遺傳也有影響；全世界有許多地方，因為種族而來的不平等待遇很普遍。就連戀愛這件事，人通常也會以財富、身高、體型和容貌取人。

還有，我們出生在哪個時代也會對我們的生活品質有重大影響。比方說，相較於出生在 1960 年代文化大革命期間，在現代出生的中國人無疑享有更好的生活條件。

耐人尋味的是，這個概念也適用於國家。有些國家得天獨厚，蘊藏豐富的天然資源，有些國家卻疲於克服歷史留下的困境。

例如，殖民活動讓歐洲在各洲陸之間躍升富裕之巔，卻讓非洲陷於赤貧之列掙扎求生。

別人有的優勢，你沒有，這會造成傷害嗎？

絕對會。

遇到這種境況，我們應該做何反應？面對不公平、不正義的時候，我相信有兩條路可以走。

第一條路是努力改變結構。

我可以倡議本地人享有機會平等，敦促政府對這個議題啟動調查。或許他們能實施配額制度，保障每年有一定人數的本地人成為創意總監。

不過，老實說，能做的有限。外派人士在這個產業比較吃香的證據，多半是傳聞耳語。客戶偏愛歐洲人負責他們的案子，要是其中有雖然無形但是站得住腳的原因呢？

另一條路是專注於我們能夠掌控的事。

雖然我無法立刻改變這個行業的認知，證明本地人一樣有能力做出有創意的作品，但是我可以提升自己的能力。我可以證明我努力又聰明，而且——沒錯，有創意。例如，我可以培養自己提案和演說的技巧，破除亞洲人害羞、缺乏自信的刻板印象。

我也可以選擇離開外派人士享有不公平優惠待遇的公司，到講求公平的地方尋覓機會。其實，我甚至可以存錢，自己開一家公司，直接加入競爭。

第 1 章
接受人生並不公平

2014 年，我在一家法國跨國廣告公司上班的第一週，一位資深同事告訴我一件事，對我造成深遠的影響。

「在新加坡的廣告業，甚至是在全亞洲，種族很重要。這件事很難說出口，但是白人比較容易出頭。在大家眼中，他們比較有創意。如果你是英國人、美國人，甚至是澳洲人，你會比較有機會當上創意總監。而你是新加坡華人，」他們告訴我，「你的膚色就不合格。」

我渾身湧上一股夾雜著恥辱與憤怒的感受。

我相信無論我的背景或國籍為何，我都應該得到同等的升遷機會。

然而，我無法否認現實。我曾親眼目睹本地客戶更尊敬外派的創意總監。

管理層級愈高，本地人愈少，歐洲名字也愈常見。

第 1 章

接受人生 並不公平

ACCEPT THAT LIFE IS UNFAIR

平等是願望。
它不是現實;它不切實際。

——李光耀,新加坡開國總理

這是一個在本質上就不公平的制度，那些天生擁有更多資源的人，在人生的起跑點上已經贏了一大截。

對於這個本質上就不公平、不公正的制度，我們又能拿它怎麼辦？

這個嘛，辦法當然一定有。你可以遊說政府推動改革。你可以杯葛企業。搞不好你還想發動一場革命。

不過，問題是：改變是一個代價高昂又漫長的過程。

要改變這個本質上不公平的制度，你必須先透過資源累積實力。你要動員勞工。你自己要先得到自由。

你很可能必須先變有錢才行。

這就是本書的主題。累積實力與財富，永遠改變世界。

我們既沒有要醜化、也不是要歌頌資本主義，只是想給你一個不同的提議。放下道德判斷，去研究財富與資本主義的規則吧。

就像要精通數學那般學習；你不必喜歡它，不過必須接受它的存在，而且要按照規則來玩。

我們祝你一切順心如意。

覺醒社畜

何瑞明、高偉俊

自序

親愛的讀者，

如果要我猜你是什麼樣的人，我想是像這樣：

你是一個出生在先進國家的年輕人。生活理應很美好，但是感覺上卻不是那麼一回事。

不平等的落差在擴大。工作機會少得可憐。那些家裡有皇親國戚的人所擁有的優勢，你只有在夢裡才找得到。你有大學學位，但是這似乎無法幫你多少。有錢、據說又有能力的外國人來到你的城市、你的國家。

他們推高物價。房租飆漲。汽車又貴。在你生長的這個地方，你幾乎買不起房。

周遭眼下的種種現象，你的政府似乎什麼都不做，只會袖手旁觀。

他們給富人減稅，而不是徵稅。他們給他們好處，而不是分配財富。

同時，你身上還揹著債務。揹得很多。你幾乎感覺他們根本沒有和你站在同一邊。

因此，你可能痛恨資本主義。怎麼會不恨呢？

目錄

自序 — 4

第1章 接受人生並不公平 — 7
人生有多少事真能由得你做主？ — 15
成功四騎士——你必須承認它們的存在 — 39
貧窮不是貧窮人的錯 — 51

第2章 啟動你的理財革命 — 71
第一桶金最難，不過之後就有如倒吃甘蔗 — 77
年輕人為什麼不應該只想著投資。 — 105
增加所得的十個定理 — 129
你為什麼（有時候）應該把自己當成一家公司來思考 — 145

第3章 2020年代的現實世界 — 165
我這一代更艱難 — 171
為什麼會有不平等？ — 203
我對外國人搬進我的母國有何感想 — 217

第4章 比有錢人更富裕 — 243
為什麼有些有錢人永遠都不會快樂 — 247
我不求上進，我驕傲 — 271
我應該要奮鬥嗎？還是我應該躺平？ — 297

第5章 臨別小語 — 321

附錄 — 325
投資菜鳥看過來：理財工具的簡單思考架構 — 327
投資新手看過來：如何用ETFs打造全球化分散投資組合 — 339

本書幣值單位＄為新加坡幣。依 2025 年 6 月 5 日臺灣銀行新加坡幣兌換新臺幣匯率為 23.41。

★

覺醒社畜的
贏家理財課

掌握資本主義規則，啟動你的理財革命，
邁向財富自由之路！

覺醒社畜
高偉俊、何瑞明————著
周宜芳————譯

The Woke Salaryman Crash Course on
Capitalism & Money

Lessons from the World's Most Expensive City